LES GENS QUI COMPTENT

ISBN : 978-2-364781-00-9

10, rue Pergolèse – 75016 Paris
www.editions-ipanema.fr
www.les-gens-qui-comptent.com

Frédéric Petracca

LES GENS QUI COMPTENT

LES EDITIONS IPANEMA

À Grégory Mathieu.

PROLOGUE

– T'as vu comme il est beau ?

– Qui ça ?

– Le type, là, assis sur le banc.

Céline termina d'aligner les croissants encore chauds sur le présentoir, replaça la grille dans son rack et se rapprocha de Laura. Le large trottoir de la rue de Turbigo était désert, seul un jeune homme était assis sur le banc qui faisait face à la boulangerie. Il portait un sweat-shirt gris informe, un peu trop large, et un pantalon de toile beige aux ourlets effilochés. Il se tenait bien droit, parfaitement immobile, les mains posées à plat sur ses genoux. Ses vêtements usés contrastaient avec sa posture digne et lui donnaient l'air de ne pas être à sa place. Juste derrière lui, la rangée de Vélib au complet, impeccablement alignés, conférait à sa présence une allure d'état de siège.

Céline se dirigea sans un mot vers le petit meuble placé devant la vitrine et se pencha pour s'accouder au-dessus, le menton posé sur les mains. Elle parut se recueillir, les yeux rivés sur le banc et son occupant.

– Ça fait au moins une demi-heure qu'il n'a pas bougé, poursuivit Laura.

Céline sembla prendre le temps de digérer l'information, puis elle se retourna brusquement et adressa à sa collègue un sourire carnassier.

– Miam !

L'intonation cannibalesque provoqua un petit gloussement chez Laura, qui enchaîna :

– Tu trouves pas qu'on dirait un mannequin ?

– Bouge pas, je vais aller le voir de plus près.

– Arrête, c'est relou…

– T'occupe !

Mais au lieu de sortir, Céline se précipita dans la remise pour réapparaître un instant plus tard un balai dans la main.

– Qu'est-ce tu comptes faire avec ça ?

– Tu vas voir. Mate un peu le travail !

Elle se pressa dehors et se mit à balayer l'asphalte trop énergiquement pour être vraisemblable. À chaque mouvement de balancier, elle se rapprochait un peu plus du banc en se retournant de temps en temps vers Laura pour lui faire des grimaces.

Laura poussa un cri amusé et sautilla sur place, la main devant la bouche. Elle remarqua à peine la petite dame âgée qui arrivait à hauteur de Céline et qui esquiva de justesse un coup de balai avant de pousser la porte vitrée, l'air fâché.

– Qu'est-ce qui lui prend à votre collègue ? Un peu plus et elle m'assommait avec son manche…

– Bonjour, madame Brun.

Laura toussa pour enrayer le rire qu'elle sentait monter en elle.

– Excusez-la, elle n'a pas dû vous voir, elle fait juste semblant de balayer.

– Tiens donc, quelle drôle d'idée !

Laura se pencha au-dessus du comptoir et poursuivit sur le ton de la confidence :

– En fait, elle est allée mater de plus près le beau garçon assis sur le banc.

Mme Brun se retourna, avança d'un pas et plissa les yeux, la tête penchée.

– Je vois… C'est vrai qu'il est bel homme, déclara-t-elle finalement comme une évidence. Je comprends qu'on ait envie de lui faire la danse du balai ! Malheureusement, à mon âge, le seul plaisir qui me reste, ce sont les gâteaux, ajouta-t-elle en soupirant.

Elle balaya le présentoir d'un œil gourmand.

– Mettez-moi un gland, s'il vous plaît.

Laura lui rendait la monnaie quand Céline fit irruption en serrant le balai contre elle.

– Exit, Brad Pitt ! Je viens de me trouver mon nouveau fiancé !

Mme Brun haussa les épaules en regardant Laura, puis sortit en faisant un petit signe de la main à mi-chemin entre *au revoir* et *n'importe quoi.*

– Au revoir, madame Brun, à demain.

Laura attendit qu'elle fût sortie pour se tourner vers Céline en riant.

– T'es complètement tarée ! T'as pas vu que tu lui as presque balayé les pieds ? Il a dû se dire : « mais c'est quoi cette guedin ! ? »

– Tu parles ! J'aurais pu me dessaper devant lui qu'il aurait pas remarqué. J'étais là, à quelques centimètres de lui à tortiller du cul (elle fit le geste), il a même pas moufté. Par contre, t'as raison, quelle bombe, ce mec ! Trop canon ! Quand je vois ça, j'te jure, j'ai le string tout mouillé !

Laura poussa un cri strident et s'effondra de rire au-dessus de la caisse enregistreuse.

Comme tous les jours à 11 h 30 précises, Mme Tranchet descendit de l'appartement qu'elle occupait au premier étage pour aider ses vendeuses à gérer l'affluence du déjeuner. Elle surprit Céline et Laura dans une conversation animée, entrecoupée de rires aigus, ce qui eut pour effet immédiat d'altérer son humeur.

– Eh bien, les filles, quelle énergie ce matin ! Je peux savoir ce qui vous amuse autant ?

Elle avait beau afficher un large sourire, une pointe d'agacement perçait sur chaque mot. Céline s'en rendit compte et se resaisit avant de prendre la parole sur un ton d'écolière :

– Excusez-nous, madame. En fait, on se demandait avec Laura ce que pouvait bien faire le beau garçon assis sur le banc en face. Ça doit faire quoi, maintenant ? Plus de trois heures qu'il n'a pas bougé !

Mme Tranchet ne prit pas la peine de regarder dehors et se contenta de répondre un peu trop sèchement qu'il devait sûrement y attendre quelqu'un, qu'il n'y avait rien d'anormal dans le fait de se trouver sur un banc public, puisque après tout, on en plaçait dans les rues pour ça.

– Eh ben, si c'est vrai, elle doit vraiment être bête, alors ! Moi, c'est sûr, je ferais jamais attendre un mec pareil ! s'aventura Laura avec enthousiasme.

Mme Tranchet ne sut quoi répondre. Céline profita du silence pour taquiner sa collègue :

– Laura, enfin ! un peu de tenue quand même !

Laura écarquilla les yeux en rougissant légèrement.

– He ! ben, ça te va bien de dire ça, *madame Pitt* ! J'te signale que c'est pas moi qui ai le string...

– Ça va, on a compris, intervint leur patronne. Bon, assez plaisanté. Les clients ne vont plus tarder, je crois que nous avons mieux à faire, non ?

Elle se dirigea d'un pas vif vers la vitrine frigorifiée. En passant, elle ne put s'empêcher de jeter un coup d'œil furtif en direction du banc. Elle y aperçut le jeune homme en question, le trouva exceptionnellement beau, mais se refusa à tout commentaire.

– Ils ont annoncé qu'il ferait très beau aujourd'hui. J'espère que vous avez fait le plein de boissons fraîches ?

Un peu avant 15 heures, Mme Tranchet sortit sur le pas de porte pour souffler et se féliciter du bon chiffre d'affaires réalisé, avec une ostentation qui consistait à afficher son plus beau sourire à l'attention des autres commerçants de la rue. Cette habitude était dénuée de vanité, elle avait toujours pensé que cela faisait partie de la tradition marchande, *et voilà vingt centimes qui font un euro.*

Le service météo d'Europe 1 ne s'était pas trompé, il faisait incroyablement doux pour cette fin d'avril. Ignorant le vieil adage, les passants circulaient en bras de chemise ou en tee-shirt dans un flot ininterrompu et anonyme.

Mme Tranchet leva les yeux vers le ciel uniformément bleu, mise à part un petit nuage au contour net, immaculé, qu'on aurait dit tout droit sorti d'un dessin d'enfant. Il lui rappela la proportion idéale des meringues de son présentoir, mais elle l'imagina doux et moelleux comme du duvet. En comparaison, le reste du ciel semblait vide et fade : un voile d'illusion coloré qui masquait le néant.

Une vague de lassitude qu'elle n'avait pas sentie venir s'abattit sur elle. En baissant les yeux, elle constata que le jeune homme était toujours assis sur le banc, impassible. Elle s'attarda cette fois à le regarder longuement. Il paraissait si paisible. Il se détachait de l'agitation de la rue exactement comme le nuage dans le ciel, à un détail près : lui était accessible.

Elle se surprit à rêver qu'un mot de lui, un regard, un sourire pourrait effacer sa lassitude.

Quand elle poussa la porte, Céline et Laura chuchotaient en riant, et pour la première fois depuis longtemps, leur complicité ne la rendit pas nerveuse. Elle s'adressa à Céline, une main tendue :

– Donnez-moi une bouteille d'eau minérale s'il vous plaît. Et Laura, soyez gentille, passez-moi le dernier jambon-beurre.

Elles s'exécutèrent, médusées. Mme Tranchet leur sourit avant de tourner les talons et se dirigea tout droit vers le banc.

– La salope ! souffla Céline entre ses dents.

Laura restait bouche bée.

– Non, mais mate-la un peu, la vieille rombière ! J'y crois pas, une radine pareille qui se met à *offrir* un sandwich… Elle fait ça rien que pour nous faire chier !

– Arrête, elle a bien le droit de faire une B.A.

– Mon cul !

– Ou alors…

– Quoi ?

– Tu vois pas qu'elle essaie de le pécho ?

– N'importe quoi ! La dernière fois qu'elle a pécho quelqu'un, la vieille, on l'a tondue ! C'est pour nous emmerder, j'te dis.

À son retour, Mme Tranchet portait sur son visage le masque d'une grande déception. Elle toisa ses deux vendeuses, les lèvres fermement pressées l'une contre l'autre comme pour les défier de faire un commentaire, puis elle retira son tablier et le plia en silence. Céline se mit à essuyer le comptoir nerveusement. Laura se tordit les mains avant de parler.

– Alors ?… Il vous a dit ce qu'il attendait ?

– Non, il n'a pas dit un mot, rien, même pas « merci », répondit-elle gravement.

– Tu m'étonnes ! marmonna Céline.

– Je vous demande pardon ?

– Je disais : ça m'étonne, il a l'air tellement… gentil.

– Il a surtout l'air d'un fou, si vous voulez mon avis.

– En tout cas, il a de l'appétit, précisa Laura qui ne l'avait pas quitté des yeux.

Mme Tranchet souffla du nez, le temps de trouver quoi répondre, puis elle parla lentement, comme résignée.

– S'il est toujours là à la fermeture, j'appellerai la police. Il est peut-être dangereux.

Elle attendit en vain une réaction de la part de ses employées, puis se retira à l'étage sans rien ajouter.

– Collabo ! ragea Céline.

– Merde, il faut faire quelque chose. Va le prévenir, il a rien fait. On peut pas la laisser appeler les flics !

– Et lui dire quoi ? « Désolée beau gosse, vous pouvez pas rester sur un banc public » ?

– Il va peut-être pas bien… C'est vrai que c'est bizarre quand même, de rester là, sans bouger, toute une journée.

– Tu m'étonnes… Il doit avoir une putain d'envie de pisser… Bon, ça va, j'y vais. Tu me préviens si la vieille descend.

Laura entrouvrit la porte de l'escalier et attendit, fébrile, en jetant des petits coups d'œil réguliers vers l'étage. Céline revint quelques minutes plus tard.

– Alors ?

– Alors elle a pas tort, la vieille : il est chelou, le mec. Une bombasse, mais chelou.

– Comment ça ?

– Eh ben, tu lui parles, mais il te répond pas. Il te regarde avec ses beaux yeux, mais c'est comme s'il captait rien à ce que tu disais. Je lui ai dit que la vieille allait appeler la police s'il restait là. Autant pisser dans un violon.

– C'est peut-être un étranger. Il ne parle peut-être pas français.

– Non, je crois pas, il est… *ailleurs…*

Elle illustra le mot en agitant ses doigts au-dessus de la tête.

Les deux jeunes filles se turent et fixèrent encore un moment le jeune homme sur le banc.

– Remarque, je le ramènerais bien à la maison. Chelou ou pas, ça reste une bombe, finit par dire Céline.

Laura s'esclaffa :

– Ah ! J'imagine la tronche de ton mec !

– Bah, lui, à part la téloche, il regarde que son nombril. Il s'en apercevrait même pas.

Céline et Laura, songeuses, observèrent encore un long moment le jeune homme toujours immobile.

– Qu'est-ce qu'on fait alors ? demanda finalement Laura.

– On n'a qu'à appeler les pompiers.

– Les pompiers ? Mais t'es tarée !

– Écoute, s'il est fou, il a besoin d'aide, non ?

– D'accord, mais les pompiers ? Quand même !

– Bah, c'est toujours mieux que les flics. Et puis ils sont vachement plus canons !

1.

Je ne me rappelle plus exactement qui je traquais, mais je me souviens que j'étais posté depuis le matin devant l'hôtel Bristol, seul dans ma Twingo. J'aurais dû me douter que l'info était naze parce qu'il n'y avait aucun collègue dans la place, mais à l'époque j'étais encore assez naïf pour me dire que justement, s'il n'y avait que moi, mon info valait de l'or.

Je détestais les planques, rester vigilant des heures entières et ne rien faire qu'attendre pendant que tout le monde vaquait à tout-va. C'est drôle, avec du recul, de penser que j'avais choisi le métier le plus opposé à ma nature, moi qui considérais que chaque seconde à ne rien faire était une seconde minable. Je ne pouvais même pas écouter la radio. Je m'étais fait tirer le poste en Italie la semaine d'avant et je n'avais plus une thune pour en racheter un autre, même d'occasion.

L'Italie. Le voyage en Toscane a flingué mon forfait de téléphone pour appeler tous les hôtels de luxe de la région. Comme si la starlette que je filais avait pu avoir l'obligeance d'indiquer son vrai nom à l'accueil pour qu'un type dans mon genre puisse voler un cliché et rembourser au moins l'essence et les péages.

J'avais trop la fringale. Je ne m'étais pas arrêté pour penser que toutes ces photos, soi-disant *volées*, étaient commanditées par les people eux-mêmes et qu'ils faisaient leur beurre avec toutes ces conneries. Je voulais tout le gâteau et je roulais solo. Du coup, j'étais fauché et je me rongeais les ongles devant des hôtels 5 étoiles à attendre, seul dans ma Twingo, des stars qui s'envoyaient en l'air ailleurs.

Encore une info pourrie. Elles devaient bien se foutre de ma gueule, mes *sources.* Il faut dire que j'étais naïf de croire qu'il suffisait de promettre un pourcentage pour obtenir un tuyau valable. Qu'est-ce qu'ils en avaient à foutre de moi ? En six mois, j'avais à mon actif deux photos parues. Deux coups de bol. On ne peut pas dire que ça faisait de moi un cador. J'aurais dû leur graisser la patte plutôt que de promettre de partager mes gains.

Ce fut d'ailleurs la conclusion de mes onze heures d'attente devant le Bristol : *je ne sais plus qui* ne viendrait plus, l'info ne valait pas un kopeck, il fallait que je trouve des sources fiables.

J'étais tombé la veille sur l'interview d'un type nommé Lucas Vernier qui avait monté sa propre agence de RP et qui représentait quelques célébrités du moment. Je m'étais dit que si je pouvais me mettre dans ses petits papiers, je pourrais obtenir pas mal d'infos solides, voire exclusives. Lucas Vernier racontait qu'il avait fait son Q.G. du Mathis Bar, un endroit select et branché, rue de Ponthieu. C'était un vendredi, je me suis dit qu'avec un peu de chance... De toute façon, je n'avais rien d'autre en vue et j'avais besoin d'action.

Je savais qu'il y avait un cerbère devant la porte du Mathis et que je n'avais aucune chance de rentrer si je me pointais seul. J'ai appelé Hervé et je lui ai donné rendez-vous une heure plus tard en bas de chez lui, le temps de passer me changer. Hervé, c'était mon passe physio. Un brave type un peu con mais qui présentait bien. Il considérait que parce qu'on faisait des virées ensemble, ça faisait de nous des amis. En fait d'ami, c'était mon ticket d'entrée dans tous les lieux à discrimination. Il aurait dû s'en douter, on s'était rencontrés comme ça. Je faisais la queue devant les Bains Douches et je voyais les gens se faire refouler par dizaines. Dans ce genre de club, si tu ne viens pas accompagné de quelques filles, tu as intérêt à avoir le look mannequin ou à transpirer le pognon. Je n'avais aucune chance. Hervé se tenait juste devant moi et il affichait sur sa gueule d'ange un sourire qui paraissait indélébile. Je lui ai offert une clope, qu'il a acceptée avec un enthousiasme exagéré mais de bon augure. Quand ce fut à son tour d'entrer, j'avais engagé une conversation bateau qui n'intéressait que lui, et quand le physio lui a fait signe de passer, j'ai fait comme si je l'accompagnais.

Il y a toujours des dommages collatéraux à remplir le quota de beaux gosses. J'avais trouvé mon passeport pour les nuits parisiennes.

Quand je suis arrivé à la maison, Hélène prenait une douche. Elle avait dû rentrer tard de l'hôpital. Un reste de ratatouille encore chaud traînait sur la gazinière, je l'ai englouti puis j'ai enfilé ma chemise noire, celle qui me faisait paraître plus mince.

– Tu ressors ? m'a-t-elle demandé en sortant de la salle de bains.

Elle affichait son petit air navré qui me navrait encore plus qu'elle. *Non, ma chérie, je vais rester avec toi et ton petit turban en éponge sur la tête, et on va s'éclater au Scrabble toute la soirée* !

– Je suis sur un coup. Je file !...

Et je me suis pris au mot. J'ai enfilé ma seule veste potable et des pompes en cuir, et je l'ai serrée dans mes bras le plus tendrement que j'ai pu.

– T'inquiète pas, bébé, je rentre pas tard.

Elle m'a laissé partir sans dire un mot, ce qui dans le langage d'Hélène pouvait signifier qu'elle fomentait une de ses grandes mises au point.

Hervé m'attendait docilement en bas de chez lui, rue René-Boulanger. Comme d'habitude, il avait l'air content de me voir. Il me faisait parfois penser à un labrador à qui tu peux foutre des gnons et qui revient quand même vers toi en tortillant de la queue. Ça me rendait malade de voir comme la nature pouvait être injuste. Le genre grand mince, une belle gueule qui n'a jamais vu d'acné et l'ambition d'une huître. Moi, j'avais hérité de la taille de ma mère et de la carrure de mon père, ce qui faisait de moi un petit gros dans les bons jours. Ma seule vanité se résumait à mes cheveux, et je commençais sérieusement à les perdre. Avec le physique d'Hervé, j'aurais fait de la télé, peut-être même du cinéma. C'est moi qu'on aurait traqué dans des hôtels de luxe à m'envoyer en l'air avec des bombes du PAF, et crois-moi que j'aurais laissé les rideaux ouverts pour que tout le monde nous voie. En tout cas, je ne me serais pas retrouvé dans une Twingo avec un type comme moi.

– Ça roule, mon poto ? lui ai-je lancé en lui tapant sur la cuisse. Ce soir, je t'emmène guincher chez les people.

Il m'a répondu « Génial ! », ce qui revenait à remuer de la queue en labrador.

Ce mec me fascinait. Sa bonne humeur n'avait d'égal que son manque d'aspirations. Il passait son temps sur le bas-côté de la vie en attendant qu'on le prenne en stop, et il se foutait complètement de la destination.

Il avait débarqué à Paris par hasard, parce que c'est ce que font les jeunes qui sont nés à l'autre bout du RER, et il passait ses journées derrière la caisse d'une Fnac où il valorisait sa compétence première : avoir deux mains. Son physique de beau gosse ne suffisait pas à lui ouvrir des perspectives sociales tant il suintait la gentillesse navrante du mec qui a eu une enfance sans histoires. Un jour, une fille pas trop regardante, à l'horloge biologique affolée, se contentera d'un bel ectoplasme et il repartira comme il est venu, en RER.

En attendant, puisque j'en avais décidé ainsi, j'étais son ami.

Quand nous sommes arrivés devant la porte du Mathis Bar, le cerbère m'a dévisagé un moment avant de nous laisser entrer. Toujours une courte hésitation, le temps de vérifier si le dommage collatéral est acceptable. Aujourd'hui encore, je pense qu'Hervé ne s'est jamais douté que sans lui je restais sur le trottoir. Moi, ça me tordait les tripes. Chaque fois, je sentais l'humiliation me gifler. L'humiliation terrible de n'être que moi-même.

À l'intérieur, l'ambiance feutrée rouge théâtre rappelait les privilèges d'un autre siècle. Le bar façon boudoir était la succursale discrète du restaurant attenant, dont le prix exorbitant des menus nous interdisait l'accès. Quelques bellâtres trentenaires, cuillère en argent aux lèvres, sirotaient leur cocktail avec l'air convenu d'appartenir à une élite. Hervé m'a assené un petit coup de coude.

– Ben alors, ils sont où, les people ?

– Ils sont là ! C'est nous, les people, lui ai-je répondu en cachant mon amertume derrière un clin d'œil.

Nous nous sommes approchés du bar, où j'ai attendu comme d'habitude qu'il propose de payer la première tournée.

Nous n'avions pas fini notre mojito qu'un groupe de clients provenant du restaurant a fait son entrée dans le bar. Parmi eux, Lenoir, un des hommes les plus influents de la télé, producteur de plusieurs émissions à forte audience, dont le fameux talk-show du samedi soir qu'il animait en personne. Un carton dans le genre depuis presque dix ans.

– Dis donc, il fait plus petit qu'à la télé, m'a confié Hervé stupidement.

Je n'ai pas fait l'effort de lui répondre. J'étais entièrement absorbé par mon excitation à voir Lenoir si près de moi. Le type le plus connu du PAF, et j'étais dans le même bar que lui. Déjà ça, ça faisait de moi quelqu'un.

J'ai repensé à *Six degrés de séparation*, le film. Je ne me souvenais plus de l'histoire, mais je me suis rappelé cette phrase d'introduction qui m'avait marqué. En substance : n'importe qui est relié à un autre *via* une chaîne constituée de cinq connaissances de chaque maillon. Lenoir avait interviewé en vingt ans tout ce qu'on faisait de mieux dans le show-biz international. Ce type, c'était un ticket direct vers les étoiles et il se trouvait à quelques mètres de moi. Ça me grisait plus que l'alcool. Hervé tentait de revenir à notre conversation sans trop de succès. Au bout d'un moment, il m'a proposé de reprendre un mojito. J'ai fait mine d'hésiter.

– Pas pour moi, je conduis, lui ai-je finalement répondu. Et quand il a commandé au barman, portefeuille à la main, j'ai ajouté :

– Oh et puis si, tant pis ! C'est vendredi... Deux, s'il vous plaît !

Hervé a encore payé. Un classique.

J'observais Lenoir. Les bellâtres, eux aussi, l'observaient. Il était assis, royal, aux côtés d'une pin-up aux seins lourds qui s'évertuait à paraître ravie d'être là. Les autres, des satellites agités, ne s'adressaient qu'à lui. Lenoir dispensait ses commentaires, faisait des messes basses à l'un – ce qui semblait énerver les autres –, ne citait que des gens célèbres, toutes sphères confondues, puis lançait une vacherie sur l'un deux et provoquait l'hilarité générale.

Ça bouillonnait dans ma tête. Je me demandais comment je pourrais l'approcher, et surtout ce que je pourrais bien lui dire. Plus j'y réfléchissais, en vain, plus je me sentais minable. Plus je me sentais minable, plus je l'enviais. Lenoir s'est levé après une dernière messe basse et s'est dirigé vers les toilettes avec son confident. C'était ma chance de le voir sans sa garde rapprochée. J'ai attendu une minute et je les ai suivis.

Il n'y avait qu'une chiotte et une pissotière. Aucune trace de Lenoir ni de son courtisan : ils s'étaient donc enfermés tous les deux. Les parois n'étaient pas bien épaisses, je me suis mis devant la pissotière pour me donner une contenance et j'ai tendu l'oreille. J'ai entendu la voix grave de Lenoir :

– T'as qu'à appeler Valérie, qu'elle nous envoie quelques filles, et on va tous chez moi.

Puis j'ai entendu une grande inspiration…

– Tiens !

Une autre grande inspiration. J'étais halluciné et surexcité : Lenoir snifait de la cocaïne et j'étais là pour l'entendre ! Les idées fusaient dans ma tête, trop rapides pour avoir un sens quelconque. Il fallait que je lui parle, que je me fasse inviter chez lui, que je trouve n'importe quoi à dire, mais vite !

Ils sont sortis des chiottes, j'ai fait semblant de zipper ma braguette et je me suis retourné. J'étais face à eux. *Engager une conversation ! Lui dire quelque chose. Quelque chose de drôle ! Vite !*

C'est sorti tout seul :

– Alors, monsieur Lenoir, on prend de la coke ?

J'ai essayé de ponctuer ma phrase d'un rire complice, qui est sorti comme un ricanement niaiseux. Lenoir m'a jeté un regard sombre et dédaigneux, puis il est sorti des toilettes… et de ma vie.

Je suis resté un long moment tout seul, tremblant. Ma phrase débile tournait en boucle dans ma tête et déclenchait une vague de haine contre moi-même à chaque passage.

Quel con !

Alors, monsieur Lenoir, on prend de la coke ?

Mais quel con j'étais !

Et puis c'est passé. Cette haine m'était familière. J'avais appris à la canaliser. C'était même mon plus grand moteur.

J'ai rejoint Hervé qui m'attendait docilement. Je m'étais suffisamment repris pour me vanter de ce que j'avais entendu. J'ai bien sûr omis de lui raconter la conclusion embarrassante de l'épisode et je me suis contenté de lui parler de la coke et de leurs projets libertins.

– Une partouze, c'est l'amour avec un grand *tas* ! a commenté Hervé, le doigt levé.

Ce con a finalement réussi à me redonner le sourire.

Lenoir et ses satellites avaient quitté les lieux depuis un bon moment. J'étais moi-même sur le point de me déclarer bredouille quand soudain ma chance a tourné : flanqué de deux mannequins, Lucas Vernier a fait son entrée. Il s'est dirigé vers le bar à côté de nous et a claqué la bise au barman. Ils ont discuté quelques minutes pendant lesquelles Vernier n'a cessé de nous jeter des petits coups d'œil appuyés. Un peu en retrait, les deux mannequins parlaient mollement entre elles en ce qui me semblait être du roumain. J'avais la conversation d'Hervé qui ronronnait en bruit de fond et je réfléchissais à un plan pour aborder Vernier. Puis ils se sont installés à l'endroit même où s'était assis Lenoir peu avant.

Le barman n'a pas tardé à leur apporter une bouteille de champagne dans un seau, et pendant que Vernier remplissait les coupes de ses faire-valoir, il a continué à lancer des regards en direction d'Hervé.

Ça a fait tilt dans ma tête : Lucas Vernier était pédé.

Le plan était simple, j'allais me servir d'Hervé comme appât. Je lui ai expliqué la situation, l'intérêt que ça avait pour mon boulot, comme ça allait être facile de le berner. Il n'était pas très chaud, alors j'ai touché la corde sensible : on était potes, et les potes se donnaient des coups de main, c'était important pour moi, je n'oublierais jamais, bla bla bla.

Quand il en été réduit à poser une condition – que je ne le laisse pas seul avec lui –, j'ai su que c'était dans la poche.

– Pour l'instant, tu lui souris, c'est tout, lui ai-je dicté.

Il s'est appliqué à retrousser les lèvres en montrant ses dents d'une manière peu convaincante.

– Sois plus naturel !

– Il lève son verre… Qu'est-ce que je fais ?

– Lève ton verre aussi.

Il s'est exécuté dans un grand moment de solitude, puis s'est tourné vers moi.

– C'est bon, j'arrête, ça me fait flipper !

– Écoute, tout ce que je te demande, c'est de jouer à un petit jeu, pas de commettre un crime. Il ne va pas te violer devant tout le monde ! Au pire, on gagne un peu de champagne, et qui sait, le numéro des deux bombes !

Mais je n'ai pas eu besoin d'insister : le poisson était ferré. Vernier avait quitté son fauteuil et se dirigeait vers nous. Il s'est accoudé au bar et a demandé un paquet de clopes au barman. Des light. J'ai donné un coup de pied à Hervé, qui a couiné avant de forcer un sourire.

Vernier a eu l'air un peu surpris. Il fallait que je prenne les choses en main.

– Salut, moi, c'est Gontran.

J'ai tendu la main et j'ai ajouté en lui servant un petit clin d'œil :

– Le beau gosse, c'est mon pote Hervé, il est un peu timide.

Soit il était en mal d'amour, soit il s'emmerdait sec avec les deux Roumaines : Vernier nous a tout de suite invités à sa table. Je me suis très vite aperçu qu'il y avait du vrai dans mes deux suppositions. Les filles, en fait des Russes, parlaient un anglais lamentable et ne surpassaient que de peu leur fonction première : deux jolis cintres.

Toute l'attention de Vernier, était tournée vers Hervé qui riait bêtement, l'air gêné. Ce dernier me lançait en coin des petits regards suppliants. Pour l'instant, Vernier préférait sûrement croire à mon histoire de timidité, il fallait que j'agisse.

Je l'ai interpellé :

– C'est pas toi que j'ai vu dans un article récemment ? Tu n'as pas une agence de célébrités ?

En général, il suffit d'amorcer une conversation sur eux pour que les mecs qui réussissent deviennent intarissables. Il s'est exécuté, mais en s'adressant exclusivement à Hervé. Apparemment, je n'en valais pas la salive.

J'ai prié qu'Hervé tienne bon. Il avait l'air de plus en plus mal à l'aise. J'ai tenté par deux fois de relancer la conversation vers moi. Rien à faire, Vernier me reléguait au placard avec les deux cintres.

Au bout d'un moment, il s'est rapproché d'Hervé. Je l'ai vu se pencher sur lui, lui chuchoter quelque chose à l'oreille et poser la main sur sa cuisse. En une seconde, tout mon plan s'est écroulé : cet imbécile d'Hervé a littéralement bondi en renversant sa coupe sur le pantalon de Vernier. Les deux Russes ont crié. Les bellâtres se sont tus.

– Hé ! Je suis pas homo ! a lâché Hervé un peu fort dans un rire embarrassé qui cachait mal son dégoût.

J'ai vite tendu à Vernier la serviette trempée du seau à champagne. Il l'a prise en me jetant un regard glacial.

Le barman s'est précipité vers lui.

– Tout va bien, Lucas ?

– Rien de grave. Il a renversé son verre. Ils se levaient pour partir.

Il a fait un signe de la tête au barman en direction de la porte.

– Excuse-le, il est timide ! ai-je répété, en pleine panique, en reprenant la serviette pour tapoter sa jambe. C'est juste un petit accident, on ne va pas s'énerver pour si peu… On n'a pas eu le temps de parler, mais je suis photographe… Je peux t'appeler dans la semaine, si tu veux… On pourrait…

Il m'a interrompu sèchement :

– Je crois qu'on va en rester là.

Il a réitéré son signe de la tête au barman. Ce dernier nous a raccompagnés fermement à la porte. Le cerbère nous a dévisagés pour bien se souvenir de nous. Et voilà comment, en moins de deux heures, je me suis fait blacklister du Mathis Bar.

Sale journée.

On s'est éloignés de la rue de Ponthieu, et là, j'ai explosé. Lenoir, Vernier, grillés dans la même soirée. J'ai commencé à engueuler Hervé. Plus je criais et plus je le voyais prendre son air penaud.

Je l'ai quand même déposé chez lui. On a fait le voyage en silence. Quand il est sorti de la voiture, il m'a regardé en se pinçant les lèvres.

– Je suis désolé de t'avoir fait louper ton coup, vraiment !

– Ça va, ça va, lui ai-je répondu, agacé, en détournant la tête.

– On s'appelle dans la semaine ?

– C'est ça, plutôt à ce moment-là !

Et j'ai démarré en trombe.

Je n'avais qu'une envie : mettre cette journée derrière moi. Je me sentais vidé. La colère et la honte me nouaient le ventre. J'ai dû mettre trois quarts d'heure pour trouver une place, et encore, à dix minutes de marche de l'appartement. Va te garer à Montmartre, un vendredi soir ! Enfin, j'ai poussé la porte. Tout était impeccable. Hélène avait fait le grand ménage, le repassage, elle avait même lavé les sols. Cette fois, c'était sûr, la *mise au point* me pendait au nez !

2.

– Il faut qu'on parle, Gontran.

J'ai levé la tête et j'ai regardé Hélène : un petit oiseau. Une petite tête ronde, des petites joues rondes, des petits yeux ronds. Elle s'était tiré les cheveux dans un petit chignon ?... *Tout rond, bingo.* Elle s'était levée de bonne heure, probablement pour faire son jogging au parc Monceau. En deux ans de vie commune, je ne l'avais jamais vue s'emporter. Quand Hélène est tendue, elle fait le ménage à fond ou alors elle court. Après, on discute.

Elle était revenue, chargée de courses, s'était douchée et m'avait réveillé avec un café noir et un croissant : l'état de siège était proclamé.

– Qu'on parle de quoi ?

J'ai fait attention à gommer toute trace de cynisme dans ma voix. J'avais appris à rester calme. Les inquiets, on les rassure, ça sert à rien de s'énerver.

– De toi, de ta situation.

– Qu'est-ce qu'elle a, ma situation ?

– Eh bien, disons qu'elle n'est pas trop brillante, non ?

J'ai eu envie de lui répondre : « *Parce que ça reluit peut-être, de passer ses journées à torcher des trisos* ? » Mais évidemment, ce n'était pas une bonne défense.

– Écoute, bébé, je sais que j'ai pas eu de veine ces derniers temps, mais ma chance va tourner, je le sens.

Là, je lui ai pris la main. Ça ne me coûte pas grand-chose et ça marche bien.

– Tiens, hier, j'ai croisé Lenoir, on a même échangé quelques mots. Et puis un agent de célébrités aussi, qui m'a invité à sa table ! Ce mec, il peut me filer des tuyaux de première classe !

Elle m'a regardé un long moment, sceptique, puis elle s'est lancée dans son bilan. Je l'ai laissée parler. Je savais qu'il fallait qu'elle sorte ça d'elle. Qu'elle crache ce qu'elle avait sur le cœur et qu'après ça irait mieux. Alors je me suis sagement farci les six derniers mois en cinémascope en prenant soin d'avoir l'air concerné.

Elle a commencé par me parler de mon ancien boulot. Elle essayait de me convaincre que c'était mieux avant, quand je végétais derrière mon comptoir à *Voyageurs du Monde*, que c'était un boulot stable, qu'on pouvait préparer l'avenir.

L'avenir. C'est vrai qu'il était rose, mon avenir. Trop cool, la perspective de me taper des bobos à longueur de journées, de leur mijoter des petits voyages que je ne pourrais jamais me payer. *Un bungalow isolé sur une plage paradisiaque ? Mais pas de problème, madame. Le sable, vous le voulez blanc ou rose ?* Et tous les soirs, hop ! Au bercail avec bobonne. *Qu'est-ce qu'on mange ce soir ? Mmmh ! Un gratin de pâtes ? Génial !*

J'avais juste deux mots à lui dire à Hélène : *Plus jamais !*

Mais je me suis tu.

De fil en aiguille, ou plutôt d'horaires en salaire, elle en est venue à parler de notre situation financière. Là, pas besoin d'être comptable : plusieurs mois qu'elle assumait le loyer toute seule, les charges, la bouffe. Elle me payait même les clopes. J'ai hoché la tête en signe de reconnaissance, c'était la moindre des choses.

– Et puis ce n'est pas un… métier, paparazzo, a-t-elle ajouté avec des pincettes.

Elle a eu du mal à le sortir, *métier*. Ça lui écorchait la bouche. Évidemment que ce n'était pas un métier : c'était une chance. La chance d'approcher les grands de ce monde, ceux qui ont le pouvoir, le fric, la liberté. En bref, les gens qui comptent.

Qu'est-ce qu'elle croyait ? Que j'allais embrasser sans rien dire le destin que me réservaient mon BTS tourisme et mon physique de charcutier ? Bien sûr que je l'avais saisie, cette chance, quand j'avais surpris mon boss en pleine conversation avec son pote d'Amiral Limousine.

« La Rolls est bookée, avait-il dit. Justin Timberlake et sa nouvelle petite amie arrivent ce soir incognito et passent le week-end au Ritz. »

Je m'étais retrouvé tout seul, place Vendôme, à les attendre. Scarlett Johansson avait souri. Ma photo officialisait leur liaison, elle avait fait la couverture de *Voici* : l'équivalent de quatre mois de salaire et le premier grand frisson de ma vie.

Ciao, les *Voyageurs du Monde* !

Bon, c'est sûr qu'après avoir acheté la Twingo d'occasion, le Nikon et les téléobjectifs, tu rajoutes le voyage foiré en Italie, ça faisait un bail qu'on piochait dans ses économies. Mais pas question d'abandonner. Être paparazzo, c'était le frisson d'être un voleur avec la garantie de ne jamais finir en taule. En plus, on te filait du cash, c'était contractuel. Et puis, surtout, j'étais convaincu que ça finirait par m'amener quelque part, qu'à force de provoquer les rencontres, il allait se passer quelque chose, n'importe quoi qui me sortirait de cette vie anonyme et fade.

Elle a insisté timidement sur la vacuité de mes occupations, mais je n'ai pas relevé, ça n'en valait pas l'effort. Je la connaissais bien : tout cela n'était qu'une vague tentative pour me culpabiliser et créer un terrain favorable. Un préambule pas très habile à ce qui la chagrinait vraiment : *roulements de tambour...* l'amour !

Après une tirade émouvante sur la complicité perdue, un terrain miné sur lequel je ne pouvais pas m'aventurer sans protection, elle est enfin arrivée au cœur du sujet :

– Parfois, j'ai l'impression que tu restes avec moi juste pour le confort.

Ça méritait un regard attristé du genre : *Oh, ma chérie, comment peux-tu penser une chose pareille !* Je lui ai serré la main un peu plus fort, histoire de joindre le geste à l'intention.

C'est vrai que j'avais gagné en confort. Elle m'avait quand même sorti de ma misère sexuelle, et son appart était sympa. Rien à voir avec la chambre de bonne que je louais en arrivant à Paris : un placard de douze mètres carrés avec une fenêtre sur cour. Un charmant vis-à-vis sur un mur crasseux.

La première fois qu'on avait couché ensemble, elle m'avait emmené chez elle. Je dois avouer que la vue dégagée sur les toits de Montmartre au petit matin m'avait séduit. Ça, et ne pas devoir sortir sur le palier pour pisser. On ne pouvait pas m'en vouloir. Sans oublier que techniquement, avec mon physique, il y a des avantages à vivre en couple : ça repose la main.

Je me suis levé et je l'ai prise dans mes bras. Je la sentais hésitante, alors je l'ai serrée fort. Le moment était venu de la rassurer, de lui parler, d'en finir avec cette foutaise.

– Bébé, pardonne-moi, je suis stressé en ce moment. Ça me bouffe le moral, de galérer comme ça, mais ça va changer, je te le jure, j'ai juste besoin d'un peu de temps. J'ai tellement envie qu'on ait une vie géniale tous les deux. Tu sais, je ne veux pas que tu souffres, je te promets qu'on va passer plus de temps ensemble.

Et puis j'ai mis la touche finale :

– Je t'aime... Je ne sais pas ce que je ferais sans toi.

Elle a soupiré. J'ai senti son corps se détendre et elle s'est blottie contre moi.

Hélène, c'est mère Teresa dans la peau de Catherine Frot. Elle est comme ça depuis qu'elle est toute petite, c'est une accro aux bons sentiments : tu lui donnes une bonne raison de te venir en aide et elle est dépendante à vie.

Pas étonnant qu'elle ait choisi d'être infirmière. Quand on lui demandait pourquoi elle n'avait pas poussé médecine plus loin, elle se justifiait en disant qu'elle avait plus de contacts avec les patients, qu'elle se sentait plus utile. Apparemment, simple infirmière ne suffisait pas à combler son besoin viscéral d'aider les autres, elle avait préféré la filière psychiatrique. « Ils sont souvent abandonnés de tous, même par leur famille », ajoutait-elle, l'œil humide. Moi , je pensais : dans *compassion*, il y a *con*, et c'est pas un hasard. Mais je ne lui disais pas, ça l'aurait blessée.

Je l'ai embrassée à pleine bouche et j'ai dosé mes soupirs : un peu de passion… *je t'aime tant*, une pointe de soulagement… *je ne peux pas vivre sans toi*, et pendant ce temps-là, je réfléchissais à la suite : faire l'amour ? Trop évident. Il fallait que je trouve quelque chose de plus romantique, un truc qui la rassure sur mes intentions.

– Tu sais quoi ? Il fait beau : on va aller se promener à Boulogne, on va se trouver un petit coin tranquille au bord de l'eau et on pourra continuer à parler.

Elle m'a regardé un instant. Ses yeux brillaient de toute leur volonté d'y croire. Puis elle m'a répondu avec une pointe de sourire dans la voix :

– J'ai acheté un poulet rôti ce matin, on pourrait faire un pique-nique ?

Je m'en étais bien sorti. Je savais déjà que le reste de la journée serait apaisé, qu'elle était rassurée. J'étais presque content de le faire, ce pique-nique avec elle.

On s'est garés porte Dauphine, et on a marché longtemps main dans la main comme un couple d'amoureux. Hélène adorait que je la tienne par la main. Déjà toute petite, elle adorait ça. Parce qu'il faut dire qu'Hélène et moi, ça remontait à l'enfance.

Je lui ai tenu la main pour la première fois quand j'avais sept ans, elle devait en avoir neuf. On était voisins depuis plusieurs années bien qu'on ne se fût jamais parlé. Les maisons de nos parents n'étaient pas très loin l'une de l'autre, et pourtant tout les séparait, enfin surtout un parc boisé et une barrière sociale. Mes parents avaient emménagé peu de temps après ma naissance dans un lotissement fonctionnel à la sortie de la ville : une rangée de pavillons Merlin façon cages à lapin qui grignotait sur la paix campagnarde dont la famille d'Hélène, médecins de père en fils, jouissait depuis trois générations.

À l'époque, rien n'aurait dû nous réunir : nous n'avions pas le même âge, pas le même sexe et encore moins le même statut social. Pourtant, un soir, alors qu'on rentrait tous les deux de l'école, elle m'avait abordé sur le bord du chemin. Elle m'avait tendu la main, et comme elle faisait deux têtes de plus que moi, j'avais trouvé ça normal. À partir de ce jour, elle m'avait attendu à la sortie des classes et on faisait le chemin du retour ensemble.

Souvent, le samedi après-midi, elle venait jouer avec moi à la maison. On regardait la télé ou, si le temps s'y prêtait, on jouait dans le jardin. Une fois, on s'était même embrassés sur la bouche, histoire de voir ce que ça faisait. Je crois bien que c'est l'ennui qui nous avait rapprochés : nous étions tous les deux des enfants uniques, CQFD.

Environ trois ans plus tard, pendant l'été, elle avait déménagé, et je n'avais plus entendu parler d'elle pendant plus de quinze ans. Je me rappelle que j'avais eu du chagrin. Je crois même que j'avais pleuré.

Ce qu'on peut être con quand on est gosse !

On a trouvé un endroit calme près de l'eau, au pied d'un arbre, et on s'y est installés. Hélène papillonnait en étalant la couverture et le déjeuner. J'ai attendu qu'elle finisse et je me suis allongé, la tête sur ses cuisses. Comme un réflexe, elle a commencé à jouer avec mes cheveux. Moi, je prenais déjà mon mal en patience. Je n'avais pas le choix de toute façon, il fallait que j'aille jusqu'au bout de la journée avec elle, que je montre patte blanche. Déjà que j'avais oublié notre anniversaire un mois avant, je jouais serré.

Deux ans que je devais dire *nous*… Quand je pense que c'était même pas Hélène mais sa copine, la plantureuse Emma, que j'avais draguée le soir où on s'était croisés par hasard au Charbon, rue Oberkampf.

– Gontran ?… Gontran ! Ça alors, je n'en reviens pas ! s'était-elle écriée. C'est moi, Hélène… ta voisine de Vendée !

Je ne l'avais d'abord pas reconnue. Avec les années, je l'avais rattrapée en taille et elle paraissait moins jolie que dans mes souvenirs. Je ne me serais pas attardé si elle s'était trouvée seule, mais le décolleté plongeant d'Emma, sa bouche pulpeuse et son air d'en vouloir avaient eu raison de moi. On s'était installés tous les trois sur une banquette. Au début, c'était pas gagné. C'est jamais gagné, avec moi. Le plus dur, c'est d'éveiller un intérêt. Pendant qu'Hélène s'extasiait sur le hasard, le bonheur de me retrouver et un tas de souvenirs d'enfance qui étaient autant de fictions pour moi, j'essayais d'établir un contact visuel avec sa copine. Rien à faire, je demeurais invisible. Alors j'ai appliqué la technique du miroir : tu portes toute ton attention vers la plus moche, ça vexe la jolie, qui du coup s'intéresse à toi juste pour punir sa copine en lui rappelant qui est la plus belle.

Merci *Blanche-Neige.*

Je m'étais donné à fond dans la combine. Une heure et trois rhum-Coca plus tard, à court de conversation, ivre et toujours dans l'optique de faire rager sa copine, je lui susurrais des mensonges à l'oreille. Du genre qu'elle était toujours aussi belle et que je pensais encore souvent à elle après toutes ces années. Emma, toujours aussi indifférente, s'était excusée pour aller aux toilettes. Je m'étais retrouvé seul avec Hélène et je l'avais embrassée par dépit. Quitte à en arriver là, et considérant mes options, je lui avais suggéré de poursuivre la soirée tous les deux.

Une fille comme Hélène n'aurait jamais couché avec un mec le premier soir, mais sous le couvert magique et alcoolisé du destin qui nous avait rapprochés, elle avait accepté.

Deux ans plus tard, on faisait un pique-nique au bois de Boulogne. En couple.

Après avoir fini le poulet et les chips, j'ai repris ma position allongée, et elle, ses caresses. Je la sentais confiante, heureuse. C'est à ce moment-là qu'elle m'a parlé de lui. De David.

C'était un de ses nouveaux pensionnaires de l'hôpital, un autiste. Elle m'a expliqué que les pompiers l'avaient trouvé dans la rue, assis seul sur un banc, et qu'il n'avait pas de papiers d'identité. Aucun moyen de savoir qui il était. Un type jamais fiché, sans casier, sans trace.

– Et alors ? lui ai-je demandé en feignant de l'intérêt.

– Alors nous allons lancer un appel à témoins national. On a besoin d'une photo. Ce ne sera pas payé, mais je me disais que tu pourrais le faire, tu as un bon appareil et tu verrais enfin où je travaille.

En temps normal, je n'aurais jamais accepté : l'idée de croiser des fous en HP me filait le bourdon. J'avais vu *Vol au-dessus d'un nid de coucou*, merci. Je voulais photographier des gens importants, pas des tarés, et encore moins gratuitement. Mais c'etait comme si la vie ne m'avait pas laissé le choix. Comme si tout s'était précipité depuis deux jours pour que j'accepte l'inacceptable : ma déconfiture au Mathis Bar, la mise au point, ma *redevance couple heureux*.

– Quand est-ce que je dois y aller ?

– Lundi, ce serait bien.

– Va pour lundi.

Je nous revois tous les deux, assis dans l'herbe cet après-midi-là. Je me demande si Hélène aussi y repense. Si elle culpabilise d'avoir été à l'origine du séisme qui s'apprêtait à bouleverser nos vies.

3.

J'étais un peu en avance pour mon rendez-vous avec le destin, lundi matin à 10 heures.

Je me suis garé devant l'entrée piétonne de l'hôpital Sainte-Anne, rue Cabanis.

Je flippais en pénétrant dans l'enceinte, mais je ne m'attendais pas à voir ce que j'y ai trouvé. Depuis l'extérieur, l'hôpital avait des allures de musée. J'ai traversé le jardin, étonnamment luxuriant pour un établissement que j'imaginais austère. Des grappes de gens déambulaient dans les allées, pas question de leur demander mon chemin.

J'ai sorti de ma poche le papier que m'avait donné Hélène la veille. J'avais rendez-vous avec elle au pavillon Pierre Janet. *Suivre l'allée Paul-Verlaine, tourner à droite sur le passage Guy-de-Maupassant.* Musée, hôpital psychiatrique ou Académie française ? Il fallait se mettre d'accord.

Au milieu d'un bosquet de fleurs, je me suis arrêté pour regarder la statue d'un dieu grec ultra musclé. Sur la plaque était inscrit : « Victor Hugo ». Pas de doute, j'étais bien dans un asile d'aliénés.

Je suis arrivé au pavillon Pierre Janet, qui abritait la cellule d'exclusion où travaillait Hélène, et je l'ai fait appeler à l'accueil. Elle est arrivée quelques minutes plus tard dans sa blouse blanche, visiblement réjouie de ma présence. Ce n'était pas partagé, je me sentais mal à l'aise.

– Suis-moi, il n'est pas ici.

Elle avait insisté sur le *il* comme s'il s'agissait d'un hôte de marque.

– Nous le gardons dans la chambre Charlotte, m'a-t-elle confié dès que nous nous sommes retrouvés dehors.

Elle avait murmuré sa phrase comme s'il était question d'un secret d'État.

Elle m'a précédé d'un pas alerte. Son attitude commençait à m'agacer, mais je n'ai rien laisser paraître. J'avoue que j'étais un peu troublé de la voir dans son univers à elle. Elle me semblait tout à coup plus grande et plus... vivante. Moi qui croyais tout connaître d'elle, je me suis aperçu en deux phrases qu'elle avait une vie bien à elle dans cet asile, une vie avec ses événements, ses secrets... J'avais l'impression de voir Hélène pour la première fois.

– C'est quoi tout ce mystère ? lui ai-je finalement demandé.

Elle m'a répondu « Rien... rien... » d'un ton mutin.

– C'est juste que, logiquement, David est placé sous la responsabilité de la cellule d'exclusion, comme tous les sans-abri. Ça veut dire que normalement il ne peut pas faire de séjour prolongé ici. Alors la directrice l'a placé dans la *chambre Charlotte*. C'est une chambre qui n'existe pas aux yeux de l'administration. Ça nous permet exceptionnellement de garder avec nous un patient qui ne devrait pas rester ici la nuit. Ça nous évite beaucoup de paperasserie.

Elle a eu un petit rire, puis elle a continué.

– Charlotte était le nom de résistante d'une infirmière de Sainte-Anne pendant l'occupation allemande. Elle cachait des Anglais et des juifs sous le nez des officiers qui avaient réquisitionné l'asile. La pauvre s'est finalement fait capturer. Elle est morte à Ravensbrück.

J'étais décontenancé. J'avais toujours imaginé Hélène faisant leur toilette à des handicapés mentaux, au mieux les forçant à prendre leur ration de Prozac, et voilà que j'étais plongé en plein *Papy fait de la résistance.*

Elle a annonçé « Nous y voilà » en arrivant devant le bâtiment principal. Nous avons pris l'escalier de service et sommes arrivés, deux étages plus haut, devant une double porte avec une plaque dorée sur laquelle était sobrement gravé : *Directrice.*

– Je vais la prévenir que tu es là.

Elle a frappé trois petits coups et a passé la tête dans l'embrasure de la porte. Je suis resté dans le couloir.

– Bonjour, madame, je suis avec mon ami photographe.

– Ah ! Très bien ! Merci, Hélène, je vous rejoins dans une minute.

J'allais donc rencontrer la directrice. Enfin une bonne nouvelle. Hélène m'avait souvent parlé d'elle. Une femme à poigne, m'avait-elle dit. Une femme d'influence aussi : Catherine Roux, en plus de diriger Sainte-Anne, était l'épouse de Paul Roux, l'actuel ministre de la Justice. Je me trouvais donc à deux degrés de séparation de tout le gouvernement français. Ça m'excitait. Finalement, je n'avais pas tout à fait perdu ma matinée.

Hélène m'a guidé vers le fond du couloir et s'est arrêtée devant la dernière porte. Elle a sorti son trousseau de clefs, en a isolé une, rouge, et m'a regardé, solennelle.

– Tu sais que tu es privilégié ? Personne ne pénètre jamais dans cette chambre. Nous ne sommes que trois à en avoir la clef.

Elle a ouvert la porte et m'a laissé passer devant. J'ai eu un choc en entrant. Rien à voir avec ce que j'avais pu imaginer. La chambre était cossue, meublée avec raffinement. Classe. Un écran plasma, une chaîne hi-fi, il y avait même un bar. De l'autre côté du lit, à l'opposé de la fenêtre, un mur en briques de verre séparait une ample salle de douche du reste de la pièce. Décidément, cette maison de fous me réservait bien des surprises.

J'ai sifflé.

– Ben dis donc, ça vaut le coup de perdre la boule, de nos jours !

Hélène a souri.

– Cette chambre est *spéciale*. La directrice l'a décorée elle-même. En fait, la plupart du temps, elle s'en sert de studio quand elle doit rester tard.

Ben voyons.

Et puis je l'ai aperçu. David. Il se tenait debout face à la fenêtre. Il regardait dehors. Il paraissait presque irréel, tout en blanc, à contre-jour, encadré par d'épais rideaux en velours couleur chocolat.

– Bonjour, David, a dit Hélène d'une voix douce.

Il n'a pas bronché.

– Il est sourd ?

– Non, autiste… Enfin, on suppose.

– Comment ça, vous supposez ?

– Eh bien, il ne communique pas, mais il ne présente pas tous les symptômes habituels de l'autisme. Pas d'écholalie ni de stéréotypie. Aucun stigmate physique…

– En français ?

– Il ne communique pas. Ni avec les hommes ni avec les objets, et pourtant son comportement avec le réel est normal. Il mange seul. Il se lave lui-même. C'est assez unique. Au début, on a pensé qu'il était en état de choc ou bien qu'il avait eu un accident cérébral, mais là encore, aucun symptôme très clair. Le diagnostic est impossible, donc pas de traitement.

Elle a soupiré, puis elle a ajouté :

– C'est pour ça qu'on doit retrouver sa famille. On ne peut pas le garder ici indéfiniment.

J'ai senti dans sa voix une pointe de regret.

Hélène s'est approchée de lui et l'a pris par le bras.

– David, je te présente Gontran, il est venu te prendre en photo.

Il s'est retourné de trois quarts, un peu à la manière d'un zombie, et j'ai vu son visage. Un choc. J'ai regardé Hélène, elle a baissé les yeux. Je comprenais à présent le regret dans sa voix.

C'était sûrement le plus beau mec que j'avais vu de ma vie. Ciné, télé, et magazines confondus. Tellement beau qu'il en devenait impossible à décrire, il aurait perdu au change. Ce genre de mec, tu le vois sur une plage, tu penses qu'il peut marcher sur l'eau.

Et il était taré.

J'ai eu envie de rire. C'était jouissif: finalement, la nature, parfois, pouvait se montrer juste.

– C'est gentil à vous d'être venu.

J'ai sursauté. La directrice venait de faire irruption dans la chambre.

– Je vous présente mon fiancé, Gontran, a dit Hélène.

Elle s'est avancée vers moi et m'a serré la main. Une sacrée poigne, Hélène avait dit vrai.

Catherine Roux... Un rêve d'adolescent en manque de dépucelage. La cinquantaine radieuse, des nichons lourds et insolents moulés dans un petit cachemire bleu ciel, une jupe droite qui laissait trop bien deviner des jambes interminables. Le genre à déclencher d'un seul regard une crise de tachycardie à un coureur de marathon.

– Hélène vous a expliqué ce dont nous avons besoin?

Elle a enchaîné sans me laisser le temps de répondre.

– Nous allons lancer un appel à témoins pour identifier notre David. Nous avons besoin d'un portrait pour la diffusion presse et télévision. Bien entendu, nous vous rembourserons les frais.

– Pas de problème, lui ai-je répondu en essayant de détourner mon regard de son décolleté.

– Bien ! Hélène, vous pouvez disposer. Je raccompagnerai votre ami.

Elle a dit ça sans la regarder.

J'ai eu du mal à déterminer si son ton était autoritaire ou tout simplement dédaigneux. En tout cas, elle sentait le pouvoir à plein nez. Le genre de femme qui remercie chaque jour le ciel de lui avoir envoyé le Botox et d'avoir échappé au scalpel, qui transforme sa ménopause en éternelle jeunesse et en abuse en méprisant toutes les autres femmes qui n'ont pas eu la chance d'avoir ses gènes, ni le fric pour les entretenir.

J'étais en transe.

Hélène s'est retirée en silence. En passant près de moi, elle m'a frôlé la main, j'imagine en signe d'encouragement.

Catherine Roux s'est installée confortablement dans le fauteuil face à l'autiste et a croisé les jambes. Elle m'ignorait totalement. On l'aurait crue au théâtre pendant une première. Elle se préparait avec gourmandise au spectacle de le voir photographié. Je n'étais qu'un accessoire qui ne valait même pas un regard.

– Faites en sorte que le portrait soit flatteur. Ce ne devrait pas être trop difficile…

Elle a esquissé un sourire adressé à l'autre débile. Je me suis senti humilié et dénigré. Même face à ce taré, je ne représentais rien. J'ai eu envie de la planter là, elle et son air hautain, mais au lieu de ça j'ai déballé mon Nikon.

Pendant que je chargeais la pellicule, j'ai cherché à lancer une conversation qui aurait pu ramener son attention sur moi, mais j'étais à sec d'idées lumineuses.

Elle m'impressionnait.

– Pourquoi David ?

– Pardon ?

– Je disais, pourquoi l'avez-vous appelé David si vous ne connaissez pas son identité ?

– C'est assez évident, non ? En référence à Michel-Ange. Il mérite la comparaison, vous ne trouvez pas ?

Toujours aucun regard vers moi. Toujours invisible.

Je me suis approché de la fenêtre et de l'autiste, et j'ai tiré les voilages pour que la lumière soit plus diffuse. Il est resté planté devant comme si je n'avais rien fait.

– Il se manipule comment, votre protégé ?

– Avec douceur… Positionnez-le où cela vous convient. Vous verrez, il ne mord pas.

Son ironie commençait sérieusement à me taper sur le système. Je me suis approché de lui. Je l'ai tiré par le bras vers l'arrière et il a suivi sans résistance.

À ses côtés, j'avais l'air d'un nain. Comme il n'y avait rien d'évident sur quoi je puisse m'élever, je suis allé chercher une chaise et je l'ai fait asseoir sans difficulté. Il obéissait docilement à tout ce qu'on lui faisait faire. Un beau légume.

Je me suis mis de côté, entre la fenêtre et lui, et j'ai cadré sur son visage. Je l'ai vu apparaître en gros plan dans le viseur.

Stupéfiant.

Stupéfiant comme il prenait la lumière. J'ai tourné un peu autour de lui pour trouver un bon angle, mais c'était inutile. Quoi que je fasse, son visage apparaissait parfait, lisse. Écœurant. On aurait dit que ce mec n'avait pas de pores. N'importe qui aurait eu l'air stupide avec le regard dans le vide. Dans son cas, ça transcendait sa beauté, ça lui donnait l'air mystérieux.

Dès le premier cliché, j'ai su que c'était suffisant, que la photo serait bonne, mais j'ai décidé de vider la pelloche, histoire de me donner une contenance. Alors j'ai shooté. De tous les angles. J'avais presque fini le rouleau, je recadrais sur une pleine face, quand tout à coup ses iris ont bougé de quelques millimètres.

J'ai eu le souffle coupé.

Il me regardait ! Le changement avait été pratiquement imperceptible, et pourtant j'en aurais mis ma main à couper, il me regardait, moi.

Il me *voyait*.

Ça m'a fait froid dans le dos. Le doigt tremblant, j'ai appuyé sur le déclencheur. Après un clic, l'appareil s'est mis à rembobiner : c'était la dernière photo. J'ai abaissé mon Nikon et je l'ai regardé. Il avait de nouveau les yeux dans le vide, j'avais disparu de son champ de conscience.

Ou alors j'avais rêvé.

– C'est dans la boîte.

– Parfait… a-t-elle répondu.

J'ai vu qu'elle s'adressait à lui.

Catherine Roux m'a reconduit en silence au rez-de-chaussée. Je la regardais marcher devant moi en balançant son cul dans un déhanché qu'elle avait dû perfectionner pendant des années.

Je ne sais pas lequel était le plus fort : mon désir de la prendre ou celui de la pousser dans l'escalier.

Elle m'a laissé devant le secrétariat général pour que je signe une décharge. Elle m'a écrasé une nouvelle fois la main.

– Merci, Gustave.

Je n'ai pas relevé.

En sortant, rue Cabanis, je commençais à avoir une fringale qui me portait au bord de la nausée. Ou alors c'étaient toutes ces conneries d'autiste et d'hôpital, j'avais du mal à décider.

J'ai filé au labo photo dans les Halles et j'ai déposé la pelloche, et puis je suis allé m'asseoir dans le premier boui-boui que j'ai croisé, où je me suis enfilé un grec bien gras avec des frites encore plus grasses. Au lieu de me soulager, ça m'a filé la gerbe.

Je me suis promené dehors en repensant à Catherine Roux et à tout le dédain qu'elle m'avait envoyé à la gueule, et puis à l'autre légume dans sa chambre cinq étoiles, qui recevait toute l'attention du monde simplement parce qu'il avait eu la chance de naître beau.

Plus j'y pensais, plus ça me foutait en rogne.

Quand je suis repassé au labo, en fin d'après-midi, la vendeuse est revenue avec une grande enveloppe kraft et mon nom dessus.

– Ouh là là ! Qu'est-ce qu'il est beau ! s'est-elle écriée connement en vérifiant les planches-contact.

Je lui ai répondu un peu trop fort :

– Peut-être, mais c'est un débile mental. Ça t'en bouche un coin, hein !

Ça lui a cloué le bec, mais ça ne m'a pas calmé.

Je suis allé m'asseoir sur les quais, pensant que l'eau allait m'apaiser un peu et me faire passer mon mal au bide. C'était compter sans les bateaux-mouches qui passaient bruyamment avec leur charretée de touristes.

J'ai sorti la planche-contact et j'ai regardé à la loupe toutes les photos que j'avais prises.

Rien à jeter. Cliché après cliché, son visage parfait me narguait. Je me répétais qu'il était fou, que mon sort était plus enviable que le sien, mais je n'arrivais plus à m'en convaincre.

Alors je suis arrivé à la dernière photo. Je n'avais pas rêvé : elle était différente des autres, habitée. Comme s'il me disait : *Je te vois, je sais ce que tu penses, je sais ce que tu es.*

J'ai été parcouru de la tête aux pieds par un frisson glacé. Le vent se levait sur les quais, des nuages chargés s'avançaient sur la Seine. J'ai remballé la planche avec les négatifs et je me suis précipité à la poste du Louvre.

J'avais envie de me débarrasser de tout ça, d'oublier cette journée.

Lorsque je suis sorti du bureau de poste, l'orage a éclaté et je me suis pris une saucée.

En arrivant à la voiture, je sentais le chien mouillé. Je n'ai pas pu démarrer tout de suite. J'avais envie de hurler. J'ai eu des flashs de ces derniers mois. De tout ce que j'essayais d'entreprendre et qui foirait. Et j'ai eu peur. Peur de demain. Peur de cette vie qui me traitait comme de la merde, sans répit.

J'ai chialé. Bêtement. Comme un con, tout seul dans ma Twingo. Mon portable a sonné. C'était Hélène, je l'ai éteint.

Après un bon moment, je me suis finalement calmé. J'étais crevé, trempé, j'avais envie de dormir et d'oublier tout ça.

J'ai démarré et je suis rentré à la maison.

Quand j'ai poussé la porte, Hélène se tenait debout dans le salon. Elle avait l'air toute retournée. Elle s'est précipitée vers moi.

– Mon Dieu, Gontran, j'ai essayé de t'appeler, pourquoi tu n'as pas répondu ?

– Qu'est-ce qui se passe ?

– Ta mère a appelé…

Elle s'est mise à pleurer.

– Quoi, qu'est-ce qu'elle a dit, qu'est-ce qui se passe ?

Ça m'a filé un coup de sang.

– Ton père… a-t-elle finalement réussi à dire entre deux sanglots, il… il a eu une crise cardiaque !

Et merde.

4.

Je m'appelle Gontran Prouteau. Si tu prononces mon nom en mangeant un Petit Lu, tu vas en foutre partout. Quand j'étais gosse, on jouait souvent à ce jeu à la cantine quand ils nous servaient de la compote et des gâteaux secs. J'étais toujours celui qui postillonnait le plus. Et puis on a grandi un peu et on s'est aperçus qu'on allait se le coltiner toute notre vie, ce nom avec lequel on jouait. C'était déjà moins drôle.

J'ai complètement arrêté de rire en CE2, quand ils m'ont collé un surnom : *Prout*. Pas évident de démarrer dans la vie dans la peau d'un petit gros que tout le monde appelle Prout.

À l'époque, tous les garçons de la classe se prenaient pour les Chevaliers du Zodiaque. Pendant les récrés, je les regardais s'affronter en duel. Chacun y allait de sa petite chorégraphie censée représenter la constellation qui leur donnait leur pouvoir cosmique. Inutile de préciser qu'avec mon aura de Télétubbie flatulent, je n'étais pas casté dans leur jeu. La plupart du temps, je les observais depuis les marches du perron en me goinfrant de BN.

Le primaire était déjà loin, et pourtant, chaque fois que je retournais en Vendée, une partie de moi redevenait le *Prout* de mon enfance. Je ne pouvais rien y faire, sauf éviter de m'y rendre, ce que je m'appliquais à faire consciencieusement depuis que j'étais monté à Paris.

J'ai quitté l'autoroute après Nantes. Quelques kilomètres plus loin, j'ai croisé la borne avec ses deux cœurs entrelacés qui marquait l'entrée au pays des Chouans. Je ne sais pas ce qui me donnait le plus la nausée : la départementale sinueuse qui me menait à Aizenay ou les pâturages désolés à perte de vue qui me rappelaient le *no man's land* de mon adolescence.

Pour ne plus y penser, j'imaginais mon père en train de batailler contre la mort sur son lit d'hôpital.

Ça me remuait moins que la route.

Mon père n'avait été finalement qu'un fantôme dans ma vie, apparaissant quand on l'attendait le moins, disparaissant le lendemain matin. Toujours sur les routes à sillonner le grand Ouest au volant de sa Renault 25, avec sur la vitre arrière cet autocollant, le slogan de sa vie professionnelle : *Volailles de Challans, Volailles des champs.*

Il s'en faisait une fierté, de ses poulets élevés en plein air. En tout cas, c'est ce qu'il prétendait à qui voulait bien l'entendre. Je suis sûr qu'au fond de lui, il avait honte de n'être qu'un représentant en volailles.

Quand j'étais ado, je me disais que c'était pour ça qu'il nous évitait, ma mère et moi, en s'enfermant à clef dans le garage pour bricoler pendant des dimanches entiers.

J'ai traversé le bourg d'Aizenay la boule au ventre, en me préparant à trouver ma mère effondrée. J'ai regardé plusieurs fois dans le rétroviseur pour vérifier que j'arrivais bien à composer un visage de circonstance. La fatigue aidant, je n'avais pas grand-chose à faire.

En arrivant devant la maison, j'ai été surpris de voir la Renault 25 devant le garage. J'ai même cru un instant à une mauvaise blague, et puis j'ai réalisé que mon père n'avait évidemment pas pu se rendre en voiture à l'hôpital, pas après une crise cardiaque.

J'ai sonné à la porte d'entrée et j'ai attendu une minute avant de faire le tour par le jardin. Devant le potager, j'ai été accueilli par un couplet tonitruant de Julien Clerc qui s'échappait de la porte-fenêtre entrouverte. J'ai traversé le salon vers la chaîne hi-fi et j'ai aperçu ma mère de dos, dans la cuisine, qui entamait le refrain à tue-tête, une cuillère en bois à la main. *Si tout change… et s'arrange… il y aura des étés pour toi et pour moi, tu verras…*

J'ai baissé le volume, elle s'est retournée, visiblement surprise.

Ou déçue.

Elle s'est approchée de moi en souriant fadement.

– Je ne t'ai pas entendu arriver.

– Pas étonnant avec ce vacarme. Alors, toujours amoureuse de Julien Clerc, à ce que j'entends ?

– Tu es bête.

Elle a rougi un peu, puis elle m'a embrassé.

– Tu as fait bonne route ?

– Mmh, mmh.

Elle a agité sa cuillère en bois devant mon nez.

– J'étais en train de te préparer une mousse au chocolat pour demain midi. Quand tu étais petit, tu m'en réclamais tout le temps. Je suis sûr que tu n'en trouves pas d'aussi bonne à Paris.

J'ai forcé un sourire en guise de réponse. Je ne pouvais plus réagir à toutes ces petites phrases qu'elle répétait sans cesse depuis des années. Des petites affirmations triviales qui représentaient pour elle notre complicité aux yeux du monde. La mousse au chocolat. Les lasagnes pour la version salée. Sa vision du lien maternel se résumait à connaître mon menu idéal.

– Je vais te réchauffer de bonnes mojettes avec un peu de poulet, tu dois avoir faim.

– Mmh, mmh.

– Va poser ton sac dans ta chambre, ce sera prêt dans une minute. Oh ! Et ne fais pas attention au linge, je finirai le repassage tantôt.

Je l'ai observée marchant à petits pas vers la cuisine, du haut de son mètre cinquante-huit. J'avais l'impression de l'avoir quittée la veille.

– Comment il va ?

Elle s'est retournée et m'a regardé comme si elle ne comprenait pas ma question.

– Qui ça ?

– Papa.

– Oh !... Je suis allée le voir à l'hôpital ce matin à l'ouverture des visites. Le docteur dit qu'il doit se reposer. On a eu très peur, tu sais. Je lui répète tout le temps qu'il va lui arriver des bricoles, à fumer comme un pompier, mais il n'a jamais voulu m'écouter. Et toi, tu fumes toujours, je parie ?

– Mmh, mmh.

– Oh ! Gontran... a-t-elle dit plaintivement avant de disparaître derrière la porte du frigo.

J'ai fait de même dans le couloir.

J'ai poussé la porte de ma chambre pour y découvrir une montagne de vêtements sur le lit. Ma mère avait investi mes quartiers depuis mon départ pour entreposer et repasser le linge. À ma grande surprise, elle s'était également approprié l'espace pour ériger un autel à son dieu : les murs étaient couverts de photos de Julien Clerc, la plupart dédicacées. *Pour Geneviève, amitiés, Julien.*

Glauque.

J'ai ri nerveusement, j'ai posé mon sac au pied de la planche à repasser et je suis ressorti aussi sec de cet antre anxiogène qu'était devenue ma chambre.

De retour dans la cuisine, j'ai vu que ma mère avait disposé un seul couvert sur la table et allumé la télé sur le buffet.

Elle se tenait debout devant la gazinière, en remuant nonchalamment les mojettes, l'œil rivé sur le générique des *Feux de l'amour*.

Je me suis assis en silence. Je savais que j'avais perdu son attention pour la prochaine heure. C'était comme ça depuis plus de vingt ans, et ce n'était pas un infarctus ni ma visite inattendue qui allaient y changer quoi que ce soit.

Elle m'a servi les mojettes à côté d'une cuisse de poulet qui devait pas mal se foutre à présent d'avoir été élevé en plein air et elle s'est installée à côté de moi, face à la télévision.

Elle m'a poliment demandé si c'était bon, sans me regarder. J'ai répondu par un grognement.

Si je devais résumer en un mot la relation que ma mère entretenait avec moi, voilà exactement ce que je dirais : *polie*.

J'ai vidé mon assiette, en cinq minutes et aussitôt, j'ai senti l'ennui terrible me gagner. Le même ennui qui me gagnait chaque fois que je revenais ici. L'ennui de toute mon enfance, pesant, écrasant. Invincible.

– On va voir papa, après ?

– Hein ?

Elle a posé sa main sur mon avant-bras, mais n'a pas détourné les yeux du poste de télé.

– Je dis : tu veux qu'on aille à l'hôpital voir papa après ton feuilleton ?

– Non, tu es gentil. Je suis déjà allée le voir ce matin, il ne fait que dormir, de toute façon. En plus, j'ai une montagne de linge en retard. Je pensais qu'on irait demain matin, tous les deux ?

Et puis elle a ajouté, d'un ton catastrophé :

– Oh là là ! Jack va être furieux s'il surprend Brooke avec Victor !

Je me suis levé.

– Laisse, Gontran, je débarrasserai.

Toujours polie, mais un peu amnésique. Je n'avais jamais levé le petit doigt dans cette maison et je n'allais pas commencer aujourd'hui.

Ça m'arrangeait, finalement, de ne pas aller voir mon père tout de suite. J'en avais soupé, des hôpitaux. J'étais fourbu de la route et j'avais les mojettes qui me plâtraient l'estomac. Je suis allé m'allonger dans le jardin, sous le cerisier, et je me suis endormi.

J'ai mis quelques secondes à comprendre où je me trouvais quand j'ai rouvert les yeux. Je sortais, transpirant, d'un cauchemar où l'autiste me secouait par les épaules en criant d'une voix chevrotante qu'il fallait partir. *Partir… Partir avant qu'on meure…* Et puis j'ai réalisé que Julien Clerc poussait de nouveau la chansonnette à plein volume dans la maison.

J'ai appelé Hélène pour me sentir exister un peu. Elle était douce au téléphone. Rassurante. Avant de raccrocher, je lui ai dit que je l'aimais. Je n'étais pas loin d'y croire.

Le soir, ma mère nous a préparé un plateau-repas.

– Des endives au jambon. Tu en raffoles toujours, n'est-ce pas ?

Nous avons dîné en silence devant *Urgences*, histoire de rester dans la thématique.

Avant d'aller se coucher, ma mère m'a poliment demandé des nouvelles d'Hélène. Puis elle m'a tout aussi poliment souhaité bonne nuit d'un signe de la main avant de disparaître dans le couloir.

J'ai pianoté sur la télécommande jusqu'à écœurement et je me suis effondré un peu après 3 heures du matin, sous l'œil caressant et démultiplié de Julien Clerc.

Quand j'ai ouvert les yeux, la chambre était plongée dans une semi-obscurité. Ma mère était assise sur le bord de mon lit. Je distinguais à peine son visage.

– Quelle heure il est ?

– 7 h 30.

Je me suis étiré pour revenir totalement à moi. Mes paupières pesaient des tonnes, j'avais du mal à les garder ouvertes. Je me suis frotté le visage des deux mains.

– À quelle heure tu veux qu'on parte pour l'hôpital ?

– Ce ne sera pas la peine, Gontran. Ils viennent d'appeler il y a une demi-heure. Ton père est mort pendant la nuit.

Je suis resté sans voix pendant un long moment. Ma mère s'est finalement levée. Elle a ouvert les rideaux.

– Réveille-toi tranquillement. Je te prépare un café. Bien noir, comme tu l'aimes.

5.

Je suis arrivé un peu en avance à la gare de La Roche-sur-Yon. Le rendez-vous avec les types du crématorium s'était passé plus rapidement que je ne l'avais imaginé. D'ailleurs, tout avait été assez simple ces deux derniers jours. Ma mère avait déployé des ressources que je ne suspectais pas. Elle s'était occupée de toutes les démarches le jour même et m'avait seulement délégué l'oraison funèbre.

– Tu trouveras mieux les mots que moi, s'était-elle sobrement justifiée.

Sur le moment j'avais paniqué, mais quelque chose dans son regard m'indiquait que je n'avais pas le choix, qu'il en serait ainsi, point barre.

Pour fuir l'angoisse de la feuille blanche et parce que je devais passer récupérer Hélène à la gare, j'avais proposé d'aller à sa place rencontrer les croque-morts.

– Demande que le cercueil soit ouvert pendant la cérémonie, avait-elle précisé, qu'on n'ait aucun doute.

J'avais mis son délire sur le compte de la douleur et du deuil.

Je grillais ma quatrième clope quand le Corail est entré en gare. Hélène est descendue, suivie d'Hervé. Bizarrement, cela ne m'a pas plus surpris que ça de le voir avec elle : je me sentais déjà en pleine quatrième dimension depuis mon arrivée en Vendée.

Hélène avait l'air triste et compassionnelle, Hervé m'a gauchement pris dans ses bras.

– Toutes mes condoléances, mon poto.

J'ai eu un réflexe de recul, mais au fond j'étais bien content qu'ils soient là tous les deux, je commençais à flipper ici, tout seul.

Ma mère, quant à elle, était ravie. On était à peine descendus de la voiture qu'elle s'est précipitée vers Hélène, les bras grands ouverts.

– Ma petite Hélène ! Comme tu as grandi !

– Bonjour, madame Prouteau. Mes condoléances pour votre mari.

– Merci, merci... Oh là là ! Ça me fait plaisir de te revoir après toutes ces années. Tu avais quel âge quand tes parents ont déménagé ? Huit ans ? Neuf ans ?

– Douze ans.

– Tu sais que Gontran ne s'en est jamais remis !

Hélène m'a regardé en souriant.

– L'important, c'est que nous nous soyons retrouvés, non ?

– Tu as raison, a répondu ma mère avant de se tourner vers Hervé.

– Et qui est ce charmant jeune homme ?

– Hervé, madame. Je suis un ami de Gontran.

– Et alors, Gontran, tu m'en caches beaucoup d'autres comme ça ?

Elle a eu un petit rire de gamine.

– Mais ne restez pas dehors ! Entrez, entrez !

Elle a pris Hélène par le bras et l'a guidée à l'intérieur. Je suis resté avec Hervé pour décharger les bagages.

– Ça a l'air d'aller, pour ta mère.

– Si tu veux mon avis, elle ne réalise pas encore. Ça risque de faire mal après.

– Et pour toi ?

– Moi, j'ai toujours eu mal.

Je ne me souviens pas d'avoir connu la maison aussi animée. Après l'apéritif, on s'est installés au salon. Elle avait sorti sa vaisselle des grands jours. Au menu : feuilleté au crabe et navarin de mouton.

Ça me mettait mal à l'aise de voir ma mère faire du gringue à Hervé. Elle était enjouée, lui prenait la main pour lui faire des confidences à l'oreille. Hervé ne semblait pas s'en plaindre : on aurait dit deux larrons en foire. C'était consternant. En comparaison, ma mère et moi paraissions deux étrangers. Hélène me lançait des regards amusés. J'essayais d'oublier l'oraison funèbre. Seule la télévision perpétuellement allumée me rappelait que j'étais bien dans la maison de mon enfance.

Au moment de servir le navarin, Hélène a poussé un cri.

– Regarde, Gontran ! C'est David ! Il passe à la télé !

Il ne manquait plus que lui.

Je me suis retourné et j'ai vu son visage sur l'écran. Ils avaient choisi le dernier cliché de la pellicule. Celui où j'avais cru qu'il me regardait. Encore une fois, ça m'a fait froid dans le dos.

– Monte le son ! a presque hurlé Hélène.

Ma mère, qui avait la télécommande dans sa poche, s'est exécutée.

– «*... à témoins. Toute personne ayant des renseignements pouvant permettre d'identifier cet homme est priée d'appeler le numéro qui s'affiche sur votre écran.* »

Un numéro vert s'est superposé à la photo pendant quelques secondes et s'est maintenu à l'écran quand l'image est revenue sur Pujadas.

– « *Je rappelle pour information que cet homme, que l'on estime avoir entre vingt et vingt-cinq ans, a été recueilli en errance le 28 avril dernier dans le troisième arrondissement de Paris. Tous types de renseignements pouvant servir à l'identifier seront les bienvenus. Sans transition, le sport...* »

– C'est un de mes patients ! s'est écriée Hélène. Et c'est Gontran qui a pris la photo.

– Ah bon ?... Quel bel homme ! a commenté ma mère. On dirait un ange !

Ben tiens !

À partir de cet instant, la conversation a tourné autour de l'autiste. Ma mère et Hervé désiraient tout savoir. Comme il n'y avait pas grand-chose à dire, chacun y allait de sa petite hypothèse. Je les observais s'affronter dans une joute verbale ridicule et je pestais intérieurement d'être exclu de toute considération. La photo que j'avais prise venait d'être exposée à la France entière sans aucun crédit pour moi. Je me sentais dépossédé de la part de gloire qui me revenait.

J'ai préféré m'isoler pour préparer l'oraison funèbre. À les voir s'agiter comme ça autour d'un débile, je me sentais soudain proche de mon père.

Hervé m'a rejoint dans la cuisine après le café. J'avais réussi à écrire deux lignes que j'avais raturées aussitôt.

– Tu sèches ?

– Je ne vais pas y arriver.

– Ton père était croyant ?

– J'en sais rien.

– Il avait des passions ?

– J'en sais rien... Les poulets...

– Tu ne sais pas grand-chose.

– Ben non !...

– Eh bien, parle de la douleur, de l'absence. En général, ça se marie bien avec la foi chrétienne.

Il m'a tapoté l'épaule avant de retourner au salon.

J'étais debout sur la table à côté de la salière. L'œil vitreux de la tête de mouton géante posée sur un plateau d'argent me toisait avec mépris. J'ai traversé la table en courant et en agitant les bras, mais personne ne faisait attention à moi, alors j'ai escaladé une tranche de pain pour prendre de la hauteur. Hervé avait la main dans le décolleté de ma mère qui riait à gorge déployée, la tête en arrière. Hélène pointait son doigt sur la télévision derrière moi. Je me suis retourné. À l'écran, le portrait d'un dindon. Tous les trois ont crié « C'est Gontran ! » à l'unisson.

Je me suis réveillé en sursaut.

Le lendemain matin, nous sommes arrivés devant l'église à 10 heures précises. C'était jour de marché. La place grouillait de monde, du coup la nef nous a paru encore plus vide et intimidante quand nous sommes entrés. On s'est installés tous les quatre au premier rang. Les deux rangées de bancs derrière nous étaient vides. Les gens devaient sûrement penser qu'on attendait de la famille et des proches.

J'ai compté une bonne quinzaine de personnes qui s'étaient regroupées pas trop loin. Ma mère avait mentionné qu'elle préviendrait les collègues de mon père. Ils paraissaient plus tristes que nous. D'ailleurs, posée près du cercueil, leur gerbe de chrysanthèmes était deux fois plus grosse que la nôtre.

Le prêtre nous a fait nous lever, nous asseoir, nous lever, chanter, et puis ce fut à mon tour de monter sur l'autel. J'ai sorti mon papier de la poche et j'ai regardé l'assistance : ma mère, Hervé, Hélène, et plus loin un petit groupe d'inconnus, tous les yeux rivés sur moi.

J'ai toussé.

– Nous sommes ici réunis pour rendre un dernier hommage à notre père, mari, collègue et ami Charles Prouteau…

Il y a eu un bruit de micro strident qui s'est répercuté en écho dans l'église. Une de ses collègues s'est mise à pleurer. J'ai senti ma lèvre trembler. Une drôle d'émotion qui n'était pas de la tristesse, mais plutôt de la colère. Une colère retenue depuis tout petit. J'ignorais d'où ça sortait, mais je la sentais monter en moi inexorablement.

J'ai repris ma lecture.

– Charles Prouteau est né et a vécu toute sa vie en Vendée. C'était un amoureux de la campagne et des valeurs qu'elle porte. Ces valeurs, mon père…

Il y a eu un nouveau bruit de micro, encore plus strident que le premier. Ma mère a fait une grimace en se bouchant les oreilles. J'ai serré les dents. Ma colère enflait.

Avec du recul, je me dis que le côté dramatique d'une église et la résonance morbide de mes paroles y étaient sûrement pour quelque chose. Ça, et les mines attristées de ces inconnus venus saluer ce père qui m'était presque aussi étranger qu'eux. Certains étaient accompagnés de leurs enfants. L'un d'eux, un jeune adolescent, semblait suspendu à mes lèvres. On aurait dit moi à son âge.

C'est en le voyant, en *me* voyant à travers lui, que j'ai craqué : j'ai laissé la colère m'envahir sans retenue. Je l'ai sentie se diffuser en moi depuis mon nombril jusqu'aux extrémités de mes membres. C'était chaud, énergisant, et finalement pas déplaisant du tout. J'ai rangé le papier dans ma poche et j'ai continué sans filet.

– Ces valeurs… eh bien, mon père se les est bien gardées en ce qui me concerne. Enfin, non, j'exagère. Il m'en a quand même transmis une, et pas des moindres. Jugez vous-même : une dinde a bien meilleure chair quand elle fait de l'exercice. Bel héritage, non ? Une fois qu'on a compris ça, on est paré pour la vie.

J'ai laissé passer un ange, visiblement plombé, et je me suis adressé au cercueil :

– Alors merci, *papa* ! Repose en paix. J'aurais quand même bien aimé savoir ce que tu pouvais bien foutre tous les dimanches, enfermé dans ton garage à la con, mais bon, je me contenterai de ton silence éternel, je m'y étais déjà habitué…

Le prêtre est intervenu :

– Merci, Gontran.

Il m'a poussé calmement mais fermement hors de l'autel et je me suis laissé faire. Les collègues de mon père me scrutaient, médusés, certains pleuraient. Je me sentais ivre. J'ai préféré ne pas retourner m'asseoir et sortir de l'église.

En passant, j'ai jeté un regard à ma mère. Elle souriait fadement.

Dehors, j'ai reçu le soleil et la foule du marché en pleine gueule et j'ai réalisé ce qui venait de se produire. Hélène m'a rejoint quelques secondes plus tard. Elle m'a pris dans ses bras sans rien dire.

J'ai pleuré. Elle m'a doucement caressé la nuque.

– Hervé va conduire ta mère au crématorium, on va rentrer à pied tranquillement, si tu veux.

Je lui ai pris la main en guise d'acquiescement et on s'est éloignés de l'église.

Je dois reconnaître qu'Hélène possédait l'art de garder le silence quand il le fallait. Elle me connaissait assez bien pour savoir qu'il valait mieux ne pas parler de ce qui venait de se passer à l'église.

Elle nous a fait faire un détour par l'avenue de Verdun. Elle se rappelait sûrement qu'enfant, j'avais toujours aimé cette allée de platanes qui formait un tunnel végétal. Loin du marché et de son agitation, l'avenue semblait un havre de paix. Peu à peu, je me suis calmé. Nous avons longé dans un silence quasi religieux l'école Saint-Joseph où nous avions fait notre primaire, et c'est seulement un peu plus haut, sur la route de Maché, qu'Hélène s'est décidée à reprendre la parole.

– C'est ici exactement que nous nous sommes parlé la première fois. Tu t'en souviens ?

Elle a désigné le fossé sur le bord du chemin.

– Vaguement.

– Moi, je m'en souviens comme si c'était hier. Je rentrais à la maison et j'ai vu les terribles jumeaux, ceux qui étaient dans ma classe, te pousser dans le fossé, juste ici. Ils se moquaient toujours des plus petits qu'eux, ces deux lâches ! Tu pleurais… tu paraissais si apeuré. Remarque, moi aussi, j'avais peur. Les frères Martineau étaient de vraies terreurs à l'époque.

– Je ne m'en souviens pas.

– Bref, je leur ai quand même tenu tête, figure-toi, j'ai crié très fort, et ils ont fini par te laisser tranquille. Ils devaient sans doute craindre que j'en parle à mon père et qu'il me venge plus tard à coup de piqûres… Je t'ai aidé à te relever et tu n'as plus lâché ma main… Tu étais tellement mignon. Après ça, je t'attendais toujours après la classe et on faisait le chemin ensemble.

– C'était il y a longtemps. On était gosses.

Mais à nous voir ainsi refaire le chemin vingt ans plus tard, j'ai eu la pénible impression que rien n'avait changé.

En arrivant chez ma mère, j'ai réalisé que je n'avais pas les clefs. On s'est allongés sous le cerisier, derrière la maison, et on a fait l'amour très lentement pour évacuer les tensions. C'était comme si nous étions deux enfants échappés du primaire dans des corps d'adultes. Sa bouche, sa peau, son sexe, tout avait un goût de première fois.

Nous avons joui ensemble, en silence, en nous regardant dans le fond des yeux.

Quand ma mère et Hervé, le couple du week-end, sont arrivés en fin d'après-midi, on s'était assoupis. Personne n'a mentionné mon pétage de plombs. Et moi, je n'ai pas demandé à ma mère ce qu'elle avait fait de l'urne ; ils étaient revenus du crématorium les mains vides. Peut-être l'avait-elle tout simplement jetée dans un fossé en roulant. À ce stade, plus rien ne pouvait m'étonner.

Pendant le dîner, j'ai remarqué qu'elle avait accroché un portrait de Julien Clerc sur la cheminée. J'imagine que c'était sa façon à elle de tourner la page.

On a pris la route très tôt le lendemain matin. Quand nous avons fini de charger la voiture, ma mère est sortie de la maison pour nous dire au revoir. Elle a embrassé tendrement Hervé et Hélène. Je la sentais émue. Elle s'est approchée de moi et m'a pris dans ses bras. Elle m'a susurré à l'oreille :

– À partir de maintenant, tout ira mieux, tu vas voir.

Je n'ai pas compris pourquoi elle me disait ça, mais, étrangement, ça m'a fait du bien de l'entendre.

Tout au long de la route, je me sentais dans une espèce de transe, comme en hyper éveil. Au fil des kilomètres, je laissais *Prout* derrière moi et je redevenais Gontran.

Je me suis arrêté un peu avant Paris pour prendre de l'essence. Dans la station-service, j'ai vu que l'autiste faisait la une de presque tous les journaux. Ça m'a fait l'effet d'une bombe de voir *ma* photo en première page. Ça a réveillé ma colère aussi.

Le type n'avait même pas levé le petit doigt et il se retrouvait peopolisé à mort. *Libération*, avec son goût immodéré pour les jeux de mots faciles, titrait : *Engouement national pour Mystère France.* L'article racontait que leur standard avait explosé plusieurs fois depuis l'appel à témoins. Des milliers de personnes à travers le pays se réclamaient de l'autiste. Une polémique avait éclaté sur sa beauté et la convoitise maladive qui s'était emparée de tout le pays. Je n'étais, bien sûr, mentionné nulle part.

C'est à ce moment-là que l'idée a germé dans mon esprit.

De retour à l'appartement, j'ai pris les clefs d'Hélène dans son sac pendant qu'elle préparait le dîner et je suis descendu faire une copie de la clef rouge chez le cordonnier de la rue des Abbesses. Je ne savais pas encore comment j'allais m'y prendre, mais une chose était sûre : le pensionnaire de la chambre Charlotte allait bientôt recevoir une visite.

6.

S'il y a des jours à marquer d'une pierre blanche, alors je déposerais un gros caillou bien blanc sur ce lundi-là.

Quand Hélène est partie travailler, j'ai sorti le double de sa clef rouge de ma poche et je l'ai posé sur la table, devant moi.

Je le contemplais comme un objet magique, le sésame d'un avenir doré. Cette petite clef toute simple pouvait changer le cours de ma fortune, je le sentais.

L'autiste était devenu un véritable phénomène national en l'espace d'un week-end. Il ouvrait même le journal de treize heures. Malgré les avertissements, les gens continuaient à appeler en masse le numéro vert en prétendant le connaître ou être de sa famille. La grande majorité des appels provenaient de femmes qui clamaient être sa petite amie, sa femme ou même sa mère. Pour couper court à ce raz-de-marée d'hystérie, Pernaud précisait que seuls les appels faisant part d'un signe distinctif seraient pris au sérieux.

J'imaginais la réaction de la presse people si je parvenais à prendre d'autres photos, peut-être plus déshabillées. Juste de quoi nourrir les fantasmes de toutes ces greluches en mal de mâle. J'avais devant moi la clef de la chambre du people le plus recherché de France !

Le fric que j'allais me faire… Ça me tournait la tête.

J'ai passé une bonne partie de l'après-midi à essayer en vain de me concocter un stratagème pour accéder à la chambre du fou. Vu l'ampleur des retombées après une seule photo, ça n'allait pas être aisé : ils devaient se tenir sur leurs gardes à l'hôpital. Je m'étonnais même qu'il n'y ait pas un assaut des médias sur place. Et puis, vers 17 heures, j'ai décidé d'y aller au culot.

J'ai glissé mon appareil numérique, plus discret que le Nikon, dans la poche de mon pantalon. J'improviserais sur place.

Qu'est-ce que je risquais, après tout ? Me faire botter le cul par Catherine Roux ? Il y avait pire comme châtiment. Et cette histoire de chambre secrète jouait en ma faveur. Je me disais que je pourrais m'en servir contre la directrice si je me faisais choper.

Je me suis garé quelques rues avant l'hôpital, je ne voulais pas qu'Hélène puisse remarquer la voiture.

J'étais sur le qui-vive en pénétrant dans l'enceinte de Sainte-Anne. J'ai même failli faire demi-tour en apercevant un petit groupe d'infirmiers tellement j'avais l'impression de puer l'infraction à vingt mètres.

Mais j'étais le seul à sentir cette odeur sur moi. Le seul vrai danger se résumait à tomber sur Hélène. Elle finissait son service à 18 heures, soit dans les dix prochaines minutes, je minimisais donc les risques de la croiser.

Je suis entré dans le bâtiment principal, la peur au ventre. Par chance, le hall était vide. Seule la secrétaire de l'accueil, celle-là même qui m'avait fait signer la décharge de mes droits d'auteur sur les photos, semblait très concentrée sur son ordinateur.

Je me suis approché d'elle et je lui ai dit que je venais récupérer mes frais. Elle se souvenait de moi.

– La comptabilité vous a envoyé un chèque par courrier, monsieur Prouteau. Je me suis occupée moi-même de le poster à midi.

Je l'ai remerciée froidement, déçu d'épuiser si rapidement le seul prétexte que j'avais pu trouver, et j'ai tourné les talons.

En passant devant la porte de l'escalier de service, j'ai fait semblant de renouer mes lacets. De là où j'étais, accroupi, elle disparaissait complètement derrière son écran d'ordinateur. J'ai attendu quelques secondes en retenant mon souffle, j'ai tiré la poignée et suis entré à quatre pattes dans la cage d'escalier. Je m'attendais à entendre une sirène retentir et une armada d'infirmiers en blouse blanche accourir, camisole et seringue à la main, prêts à me lobotomiser. Mais j'avais vu trop de films, il ne s'est rien passé.

J'ai poussé la porte au deuxième étage. Le couloir était désert. Je commençais vraiment à croire que j'allais y arriver. Je me suis faufilé jusqu'à la dernière porte. Le cœur battant à tout rompre, j'ai sorti le double de la clef rouge de ma poche et je suis entré.

L'autiste était seul, assis sur le bord du lit, face à la fenêtre. Il n'a pas fait cas de ma présence. J'ai refermé la porte à clef et j'ai repris mon souffle. J'avais réussi.

La moindre réussite prend des allures de victoire glorieuse dans une vie pavée d'échecs. À mon échelle, j'avais l'impression d'avoir gagné la Coupe du monde.

J'ai sorti mon appareil photo et j'ai pris quelques clichés avant même de faire un pas. De là ou j'étais, le décor était parfait : l'autiste, hébété dans son pyjama blanc, face à la fenêtre dans cette chambre de ministre cossue. Rien que ça tenait du scoop.

Je me suis approché de lui et je l'ai shooté de profil. Il ne bronchait toujours pas. J'avais un peu la trouille de me mettre devant lui. Je ne pouvais pas m'empêcher d'imaginer qu'il avait peut-être conscience de ma présence. Je craignais qu'il se tourne vers moi tout à coup et se mette à parler, ou pire encore, qu'il se mette à crier. J'ai finalement pris mon courage à deux mains et je lui ai fait face. Il avait le regard absent. J'ai agité plusieurs fois ma main devant son visage comme si je lui faisais coucou. Il n'a pas cillé.

Je me suis senti soulagé. Enfin, un peu seulement. Quoi que j'en pense, ce mec avait une drôle de façon de remplir l'espace à lui tout seul. Limite effrayant. Et, ça m'a soudain frappé : je me retrouvais tout seul dans une chambre avec un mec que je m'apprêtais à dessaper. Les vieux démons machistes ont pris possession de moi et je me suis connement senti gêné.

Pour lever toute ambiguïté, je me suis mis à parler à voix haute en m'adressant directement à ma conscience d'hétéro.

– Si on m'avait dit qu'un jour je dessaperais un mec !

Le rire qui a suivi était niais, mais ça m'a donné le courage de passer à l'acte.

J'ai déboutonné sa veste de pyjama tout en continuant à le regarder. Ses yeux ne bougeaient pas. Le type était vraiment *out*.

– Bouge pas, mon coco, je vais juste te mettre à l'aise…

J'ai fait glisser sa veste. Il s'est retrouvé torse nu, pas un pet de graisse, gaulé comme un nageur. Écœurant ! À la grande loterie de mère Nature, il avait sorti les six bons numéros, plus le complémentaire.

– Ben, mon salaud, où est-ce que t'as été pêcher tes gènes, toi ?

J'ai sifflé un long coup.

En jetant sa veste sur le lit, je me suis aperçu qu'il avait en travers du dos trois longues cicatrices, comme si quelqu'un l'avait griffé il y a très longtemps. C'était donc ça, son signe distinctif.

J'ai pris les cicatrices en photo, ça valait bien un zéro de plus sur le chèque que j'allais encaisser.

Je l'ai shooté de près d'abord, puis je me suis reculé : le plus intéressant était de le prendre en photo dans ce décor improbable. L'autiste à poil dans une chambre secrète de l'asile. Il y avait de la polémique dans l'air.

Je ne croyais pas si bien dire.

Je cadrais sur un plan large avec le bar en fond quand j'ai entendu le bruit d'une clef dans la porte. J'ai paniqué : j'ai sauté en arrière et je me suis caché derrière le rideau en velours.

J'essayais de retenir mon souffle et de rester calme. J'avais déjà pris suffisamment de photos, je pourrais toujours m'enfuir en courant si on me découvrait.

J'ai entendu la porte se refermer et quelqu'un donner deux tours de clef. Le bruit de pas s'est rapproché.

– Eh bien, David, tu as eu un coup de chaud ? Ou alors tu m'attendais peut-être ?

Elle n'avait pas son ton hautain et autoritaire de la dernière fois. Sa voix était chaude, amusée, sensuelle, mais il n'y avait aucun doute : c'était bien elle. Catherine Roux.

J'entendais ses pas dans la chambre. Il y a eu un bruit de liquide, elle se servait un verre. Puis j'ai entendu un petit clic, suivi de quelques notes de piano et d'accords de violon. J'ai reconnu la voix grave de Diana Krall : *The Look of Love.* Pas besoin d'être au premier rang pour comprendre, Catherine Roux n'était pas venue rendre visite au taré pour des raisons médicales.

Avec la musique, j'étais incapable de discerner où elle se promenait dans la pièce. Comme je devais probablement provoquer un renflement du rideau, je me préparais à ce qu'elle me découvre d'un instant à l'autre. La peur me nouait le ventre. En même temps, je sentais un frémissement de voyeur me chatouiller le bas-ventre.

L'attente me paraissait interminable, mon corps tout entier se raidissait petit à petit en crampe géante.

À la troisième plage du CD, n'y tenant plus, j'ai risqué un coup d'œil. J'ai tiré légèrement le rideau, millimètre par millimètre. Ma main tremblait. Et le spectacle qui s'est offert à moi a fini de me couper le souffle.

L'autiste était toujours assis sur le bord du lit, face à moi. Son regard n'avait plus tout à fait la même absence qu'auparavant. Une personne mal informée y aurait lu de l'inquiétude ou même du désarroi.

Moi, je lisais bien autre chose : il ne pouvait peut-être pas communiquer, mais ça ne l'empêchait sûrement pas de ressentir les choses dans son corps. Et de ce que j'apercevais d'elle, Catherine Roux aurait pu réveiller un macchabée.

Elle était complètement nue. Agenouillée entre les jambes de son petit protégé, elle s'appliquait à le sucer en m'offrant la vision de sa croupe arrondie et ondulante.

Elle le tenait d'une main et se caressait de l'autre. Tout de suite, je me suis mis à bander comme un Turc. Idéalement, je me serais branlé pour soulager la tension violente que ça provoquait en moi, mais l'opportunité était trop belle, j'ai préféré brandir mon appareil numérique.

J'ai pris une première photo, furtivement, en priant que le bruit du déclencheur soit couvert par la musique. C'était le cas.

J'avais pris six ou sept photos quand elle a relevé la tête en rejetant ses cheveux en arrière. Je me suis replanqué fissa derrière le rideau. Mon sexe durci, serré dans mon jean, me faisait mal.

– Toujours aussi content de me voir, à ce que je vois !

Pendant un court instant de panique, j'ai cru qu'elle s'adressait à moi. Je m'attendais à ce qu'elle tire le rideau, à la voir apparaître nue devant moi, c'est dire si j'étais en transe. Évidemment, rien de tout cela n'est arrivé et j'ai dû attendre qu'elle pousse un gémissement avant de retenter un coup d'œil. Elle avait couché l'autiste sur le lit et le chevauchait en donnant de lents mouvements de reins. La tête penchée, il regardait encore vers la fenêtre, vers moi, toujours avec ce petit air de désarroi débile.

L'angle était parfait. L'autiste semblait poser en regardant l'objectif. Le profil sculptural de Catherine Roux ne laissait aucun doute quant à son identité. J'étais venu chercher une pépite d'or et j'avais trouvé une mine entière. Ça en rajoutait à mon excitation.

Catherine Roux, torride, projetait sa tête en arrière, les yeux fermés, en se tripotant les seins. Paralysé d'envie, je me frottais le sexe à travers mon froc.

Je me suis mis à maudire l'autiste et sa beauté. Ivre d'excitation, j'aurais tout donné pour être à sa place, y compris mon âme : je jure que je lui aurais tamponné, signé et daté son contrat, au Malin, et plutôt deux fois qu'une.

Mais je n'étais pas à sa place.

Je n'étais qu'un petit gros, moche et indigne d'attention, qui prenait des photos en cachette en se caressant la bite à travers son pantalon.

Un beau résumé de ma vie.

Bizarrement, mon amertume décuplait mon désir. Je me suis laissé envahir un moment par la haine… et par mon envie. J'étais tétanisé.

L'autiste a finalement fermé les yeux et poussé une espèce de grognement animal. Catherine Roux a accéléré son mouvement de reins en gémissant, je me suis frotté le sexe plus fort tout en les mitraillant et j'ai joui dans mon froc en parfaite synchronisation avec elle, en expiant ma haine et mon désir.

Je me suis repositionné bien droit derrière le rideau et j'ai attendu, transpirant et haletant, en priant pour que ma chance ne s'arrête pas là.

J'ai dû attendre ainsi dix minutes qui m'ont paru dix ans. Finalement, la musique s'est arrêtée, la porte s'est ouverte, puis refermée. Deux tours de clef.

J'ai risqué une tête, Catherine Roux avait disparu. L'autiste était toujours allongé sur le lit, impassible, le sexe à l'air.

Je suis sorti de ma planque et j'ai serré les poings, les yeux levés vers le plafond : la première grande sensation de pouvoir de ma vie.

Putain que c'était bon.

– Tu sais que je t'aime, toi ? ai-je lancé à l'autiste, les dents serrées.

Sans réfléchir, je me suis jeté sur le lit à ses côtés, j'ai pris une dernière photo à bout de bras de nos deux visages, et je me suis taillé.

J'ai dévalé l'escalier quatre à quatre en retenant mon envie de rire et j'ai déboulé dans le hall sans précaution aucune. La secrétaire m'a regardé sortir de la cage d'escalier de service en écarquillant les yeux, je lui ai fait un petit signe de la main et j'ai détalé.

Je l'ai entendue crier « Monsieur ! ?… monsieur ! ? », mais je ne me suis pas arrêté : on ne se présente pas devant une demoiselle avec une tache de foutre sur le jean. Ce serait mal poli.

J'ai couru à la voiture. Mes pieds touchaient à peine le sol, j'étais en lévitation. À l'abri derrière le volant, j'ai poussé un cri hystérique en secouant la tête pour laisser échapper en décibels toute ma fureur jubilatoire, et puis, une fois calmé, j'ai contemplé avec amour mon numérique. Ma bombe atomique personnelle. J'ai visionné rapidement les photos en ponctuant les clichés de cris et d'éclats de rire.

Il allait y avoir du grabuge.

7.

Le lendemain matin, dès qu'Hélène est partie travailler, je me suis précipité sur l'ordinateur et j'ai imprimé les photos.

Mon idée de départ était de les monnayer au plus offrant avec en bonus un scandale national qui éclabousserait jusque dans les plus hautes sphères du gouvernement. Rien que ça. Mais pendant que je les découpais une à une, j'ai commencé à croire qu'il y avait mieux à faire.

J'avais un trésor dans les mains. Une fois les photos parues, elles ne m'appartiendraient plus et je retournerais à la case départ avec juste assez d'argent pour me donner l'envie d'en avoir plus.

L'idée de faire chanter Catherine Roux était séduisante mais compliquée sur la durée, et je ne voulais pas d'une rente : je voulais sortir de l'anonymat, être sur le devant de la scène, briller.

En découpant la dernière photo, celle de mon visage et de celui de l'autiste réunis sur l'oreiller de manière improbable, j'ai été saisi d'une forte émotion sans vraiment pouvoir la qualifier. Il y avait quelque chose d'à la fois burlesque et pathétique qui, bizarrement, me flattait : la finesse de ses traits mettait en exergue mon allure porcine. Mon rictus victorieux, perdu dans ce visage rougeaud et luisant, contrastait péniblement avec sa beauté calme, sa perfection tranquille. Le manichéisme par l'image : le blanc et le noir, le bien et le mal, David et Gontran.

Plus je contemplais la photo, plus je devais me rendre à l'évidence : au fond, l'autiste me fascinait.

L'idée de destins croisés s'est imposée peu à peu dans mon esprit pour finir par l'occuper totalement. Ce que j'avais cru n'être qu'un désir viscéral d'être à sa place, de posséder sa beauté, de vivre cette notoriété soudaine et totale se métamorphosait en certitude que nous étions les deux faces antagonistes d'un même pouvoir.

Il était la pierre philosophale, moi, la main qui la tiendrait. Je commençais à croire qu'ensemble nous pourrions tout transformer en or. Catherine Roux et tout l'argent que je pouvais en tirer n'en étaient finalement qu'une piètre manifestation.

J'ai fini par accepter l'évidence : je voulais le posséder. L'avoir pour moi. Tout simplement.

Une fois ce point établi, tout était clair. J'ai commencé à me sentir serein et investi d'une bénédiction, divine ou autre, peu importait.

J'ai longuement réfléchi à la manière de procéder. Mon plan m'apparaissait imparable. Je savourais l'assurance lucide d'avoir tous les atouts en main. Et ce n'était qu'un début.

J'ai préparé une enveloppe à l'adresse de l'hôpital Sainte-Anne en soulignant deux fois *À l'attention de Catherine Roux* et j'ai glissé à l'intérieur plusieurs photos de leurs ébats avec comme unique information, au recto de l'une d'entre elles, mon numéro de portable.

Je pensais qu'il valait mieux lever le plus tard possible le mystère sur mon identité, histoire de la faire flipper et de la fragiliser psychologiquement.

Hélène est rentrée vers 19 heures, les bras chargés de sacs. Elle était passée chez le traiteur et nous avait rapporté des lasagnes. Elle continuait à se montrer particulièrement douce et attentionnée depuis notre retour de Vendée.

Elle interprétait mes silences et mes absences comme un déni et se tenait sur les starting-blocks, prête à me couver de soins. Selon elle, je n'avais pas commencé mon deuil.

Je ne m'en plaignais pas, c'était plutôt agréable, et pendant ce temps-là je pouvais me perdre à loisir dans les fantasmes de ma nouvelle existence et en savourer chaque perspective.

Le lendemain après-midi, mon portable a sonné en numéro masqué. J'ai répondu « allô » d'un ton que je voulais sec et viril.

– Qui est à l'appareil ?

J'ai immédiatement reconnu sa voix.

– Catherine… C'est gentil de me rappeler si vite.

– Qui êtes-vous ?

Son ton autoritaire masquait maladroitement sa nervosité.

– Un ami.

Il y a eu un silence pesant pendant lequel j'ai cru qu'elle allait raccrocher.

– Que voulez-vous ?

– Je ne crois pas que le téléphone soit très approprié pour ce genre de conversation… Catherine.

Chaque fois que je prononçais son nom, le souvenir de sa nudité tiltait dans ma tête. Ça me filait la gaule.

– Qui que vous soyez, je vous préviens, vous risquez de gros ennuis si vous me faites du tort.

– Allons, allons… Catherine… calmez-vous, je vous sens tendue. Rassurez-vous, je ne vous veux aucun mal. Disons que nous allons nous rendre mutuellement un petit service. Voilà ce que vous allez faire : vous m'attendrez ce soir à 18 heures au Terrass Hôtel de Montmartre. Une chambre aura été réservée au nom de Charlotte. Nous pourrons alors discuter au calme.

– Dites-moi d'abord qui vous êtes.

– Vous n'êtes plus en position de donner des ordres… Catherine… Soyez ponctuelle !

J'ai raccroché en étouffant un cri de victoire. Cette sensation de pouvoir, d'ascendant, c'était le pied intégral.

Je l'imaginais derrière son bureau, tremblante, débarrassée de son air suffisant.

C'est bon, là ? J'ai toute votre attention ?

J'ai fermé les yeux pour visualiser notre face-à-face dans l'atmosphère sulfureuse d'une chambre d'hôtel l'après-midi.

Ça me rendait lyrique.

J'imaginais nos premiers mots, acides, ses yeux posés sur moi, d'abord chargés de colère, où émergerait peu à peu le désir que je la possède. J'imaginais aussi la chambre, plongée dans la pénombre. Je devinais ses formes généreuses. J'étais Mickey Rourke, elle, Kim Basinger. Le scénario m'appartenait. Je le tordais tout à mon avantage vers des climax torrides qui se terminaient toujours dans un lit défait.

Une fois remis de mes petites émotions, j'ai caché l'appareil et le reste des photos au fond de ma valise, là où Hélène n'irait pas fouiner.

Je me suis ensuite préparé pour mon rendez-vous. Il fallait que je sois classe.

Après plusieurs tentatives peu valorisantes, je me suis arrêté sur mon costume en lin blanc, une chemise noire et des Ray-Ban. Mon excitation devait sûrement me brouiller le cerveau : j'ai cru reconnaître Al Pacino dans le miroir.

Il me restait deux heures à tuer. Plutôt que de tourner en rond dans l'appartement, je suis sorti me balader.

Un soleil brûlant léchait la butte Montmartre. J'avais à peine fait quelques mètres que déjà un filet de sueur me coulait le long du dos, et je ne parle pas des auréoles sous les bras.

Hors de question que j'arrive trempé devant Catherine Roux : dans mon imaginaire, les héros ne transpiraient pas. Je me suis arrêté à la terrasse ombragée du Saint-Jean, rue des Abbesses, et j'ai commandé une blanche bien fraîche.

Le Parisien traînait sur la table voisine. Un bon quart de la page trois était consacré à l'autiste. Cette fois, je ne me suis pas senti mal à l'aise en redécouvrant son joli minois. Dommage, avec cette chaleur j'avais bien besoin d'un frisson.

Exit l'air accusateur, et bienvenue à l'air de connivence. Dans sa folie, peut-être avait-il pressenti ce jour-là que nous serions bientôt réunis. Peut-être était-ce même un appel au secours.

J'ai passé mon doigt sur la photo.

– T'inquiète pas, mon beau, papa va venir te récupérer bientôt.

Deux blanches plus tard, un peu après 18 heures, je me suis mis en route, lentement, pour éviter de mouiller ma chemise. Après tout, c'est elle que je voulais faire mariner.

En arrivant rue Joseph-de-Maistre, j'ai poussé la porte tournante de l'hôtel et je me suis dirigé vers l'accueil d'un pas assuré.

Le concierge m'a confirmé que mon *amie* m'attendait chambre 312 en me lançant un regard incrédule, du genre : *Qu'est-ce qu'elle peut bien lui trouver ?*

J'ai soutenu son regard en souriant. Rien ne pouvait m'atteindre, j'étais le héros du film.

Je suis entré dans la chambre sans frapper. La pièce était baignée d'une lumière blanche qui faisait briller la tapisserie clinquante, verte et or.

Plutôt raté pour la pénombre.

Catherine Roux, impavide, était assise, les jambes croisées sur le bord d'un lit encadré par de gros rideaux de soie. Elle portait une fine robe en coton marron boutonnée par-devant et les cheveux relevés en chignon.

Elle se tenait là, châtelaine, comme si elle appartenait au décor.

Je n'ai pas pu m'empêcher de remarquer sa ressemblance avec Catherine Deneuve dans *La Sirène du Mississipi.* Al Pacino, Catherine Deneuve : un casting improbable, mais ça le faisait.

J'ai refermé la porte derrière moi et j'ai fait un pas en avant. Elle s'est levée et nous nous sommes toisés longuement, en silence.

À sa manière de me scruter, elle ne me reconnaissait pas. Ça me confirmait bien qu'elle n'avait même pas daigné me regarder quand on s'était rencontrés. J'ai retiré mes lunettes d'un geste que je voulais débonnaire et je lui ai souri.

– Vous ! ?

Elle n'avait pas pris la peine de masquer son dégoût. Ça m'a refroidi d'un coup. J'ai rétorqué, bilieux :

– Et alors... Vous imaginiez qui ? George Clooney ?

Pile au moment où je le disais, j'ai regretté cette comparaison qui m'offrait un aller simple au pays des tromblons.

Elle s'est levée brusquement et s'est précipitée vers moi.

– Espèce de petit salaud ! Vous n'allez pas vous en tirer comme ça. Vous allez me le payer très cher !

J'ai cru qu'elle allait se jeter sur moi et me frapper, mais je n'ai pas bronché. Je m'étais aussi préparé à une réaction violente de sa part et j'étais, quoi qu'il arrive, le maître à bord. Je le savais, elle le savait. Pour preuve, elle s'est contentée de faire nerveusement quelques allers-retours entre le lit et moi, les mains sur les hanches, en se parlant à elle-même.

– Calmez-vous, Catherine. Inutile de vous agiter ainsi. Quant à me menacer…

J'ai tenté un rire supérieur en jetant la tête en arrière pour l'effet despotique. Ça ne lui a pas fait grande impression. Elle s'est arrêtée net et m'a fusillé du regard.

– C'est cette petite garce d'Hélène qui vous a introduit dans la chambre, n'est-ce pas ?

Elle avait repris le ton hautain et méprisant qu'elle m'avait servi la première fois qu'on s'était rencontrés.

– Laissez Hélène en dehors de tout ça, elle n'est au courant de rien. Figurez-vous qu'elle vous estime…

J'ai ajouté « l'idiote », pour bien lui faire comprendre que je roulais en solo dans l'histoire, et j'ai enchaîné :

– Mais parlons plutôt de *qui* s'est introduit en vous, nous sommes là pour ça, non ?

– Vous n'êtes qu'un porc !

– Venant de vous, je prends ça comme un compliment.

– Que voulez-vous exactement ? De l'argent ?

– Ne soyez pas vulgaire, Catherine.

Elle a poussé un soupir d'exaspération et s'est retournée face à la fenêtre en se frottant le front nerveusement, du bout des doigts.

Bon, ça ne se passait pas exactement comme dans mon scénario, mais je continuais à espérer un retournement de situation, il suffisait d'abord de se calmer.

Comme si elle m'avait entendu, elle m'a fait face de nouveau. Son visage était détendu, son expression presque bienveillante.

– Écoutez, Gustave, essayons de coopérer. Je suis sûre que nous pouvons trouver un arrangement. Dites-moi seulement ce que vous voulez et…

J'ai serré les poings.

– Déjà, je voudrais que vous reteniez mon nom. Gontran. C'est pas compliqué : GON-TRAN !

– Pardonnez-moi… Je… Écoutez, comprenez que c'est une situation très… humiliante pour moi… *Gontran*.

Elle a forcé un sourire pathétique qui lui ôtait tout son charme. J'avais l'impression qu'elle s'adressait à un de ses patients. Malgré tout, je m'encourageais mentalement à persévérer dans mon numéro de charme viril.

– Vous êtes encore plus belle quand vous souriez, Catherine.

J'ai vu l'expression de son visage passer de l'incompréhension à la pitié et de la pitié au mépris. Elle a durci le ton :

– S'il vous plaît, arrêtez de m'appeler par mon prénom ! Nous ne sommes pas exactement ici pour prendre le thé. Si vous m'avez fait venir jusqu'ici, c'est forcément pour obtenir quelque chose de moi. Parlez. Qu'on en finisse.

Rien à faire. Elle continuait à me voir comme un plouc. Un plouc insignifiant dont elle voulait se débarrasser au plus vite.

J'ai regardé mon reflet dans le miroir en pied doré, face au lit. J'étais Al Pacino, bordel. Al Pacino !

Moi aussi, j'ai durci le ton :

– Je veux ce que vous donnez à l'autre débile. Je veux qu'on fasse l'amour… maintenant !

Elle est restée immobile en me fixant droit dans les yeux avec l'air d'avoir mal entendu, et puis elle est partie dans un grand rire.

J'ai paniqué.

Je voulais la faire taire, lui faire ravaler son rire. Je me suis jeté sur elle en essayant de l'embrasser. Elle n'a pas eu trop de mal à me repousser, j'ai perdu l'équilibre et me suis retrouvé par terre à faire une roulade disgracieuse.

– Vous êtes un malade ! Qu'est-ce qui a bien pu vous faire croire que j'allais coucher avec vous ?

Je me suis relevé précipitamment, rouge de honte et de colère. Je pouvais lire la même colère dans ses yeux, de la peur aussi. Et toujours du dégoût.

– Je n'aurais jamais dû venir ici ! Vous êtes fou !

Elle a saisi son sac posé sur le guéridon près de la fenêtre et s'est dirigée à grandes enjambées vers la porte. Je lui ai barré le chemin violemment, elle est retombée sur le lit en poussant un cri.

– Vous ne partirez pas tant que je ne vous l'aurai pas permis !

Ma voix déraillait malgré moi en reprenant les aigus de l'adolescence. Je transpirais à grosses gouttes. J'ai de nouveau aperçu mon reflet dans le miroir. Al Pacino s'était taillé.

Je l'ai menacée en pointant mon index sur elle :

– Faites bien attention, Catherine Roux ! À votre place, j'éviterais de faire la maligne. Si on résume la situation : vous transformez votre hôpital en lupanar en vous servant d'une chambre secrète pour vous envoyer en l'air avec des patients qui ne peuvent même pas parler. Alors ne la ramenez pas ! Et ne me traitez pas de fou !

Elle écarquillait les yeux. Sa bouche s'est tordue comme pour dire quelque chose, mais elle est restée muette.

– C'est bon, là ? Vous m'écoutez ? Imaginez un instant ce que pensera votre conseil d'administration en découvrant les photos, hein ? Imaginez aussi la tête de votre mari et de ses collègues au ministère ! Qu'est-ce que vont dire… *les gens*, Catherine ?

La dernière partie a eu l'air de l'inquiéter plus que le reste. J'ai pris un ton prophétique en pointant toujours mon doigt sur elle.

– Si je publie ces photos, vous allez perdre votre boulot, ruiner la carrière de votre mari et devenir une pestiférée… À votre âge, vous serez finie, *kaput* ! Et vu la notoriété de votre David, il suffira d'une photo sur le Net pour signer votre arrêt de mort. C'est un *crime* ce que vous avez commis, Catherine… Vous risquez la taule.

Elle m'a jeté un regard horrifié. Je la sentais au bord des larmes.

Moi, j'étais gonflé de rage et d'assurance. Je me suis assis à côté d'elle en la regardant droit dans les yeux et j'ai posé ma main sur son sein droit sans dire un mot. Elle s'est laissé faire. Je l'ai gauchement malaxé un instant pendant qu'elle fermait les paupières, résignée et tremblante. Elle avait peur.

J'ai retiré ma main quand j'ai remarqué que des larmes coulaient le long de ses joues. Mon envie d'elle avait disparu. À sa place, une sensation plus froide et plus intense, presque sadique.

J'ai approché ma bouche de son oreille et j'ai murmuré :

– Voyez comme c'est mal d'abuser d'un pauvre être sans défense… Catherine… Je vais vous dire à présent ce que je veux vraiment. Je veux la garde de David. Vous ne le méritez pas.

Elle a rouvert les yeux, le visage frappé de stupeur.

– Mais… c'est impossible.

– Ne me prenez pas pour un con, je me suis renseigné. La tutelle est accordée par la justice, je crois que vous connaissez quelqu'un de bien placé ? *Ça ne devrait pas être trop difficile.* J'ai cru comprendre que vous aviez des arguments pour convaincre… Dois-je vous remontrer les photos ?

Elle a répété « c'est impossible ! » en secouant la tête.

– Il faut avoir un lien familial ou des compétences médicales pour obtenir la tutelle d'un patient en psychiatrie… Jamais vous ne l'obtiendrez.

J'avais déjà envisagé ce contretemps. Étant donné l'ampleur publique que l'affaire pourrait prendre, je m'étais déjà résigné à accepter un compromis.

– Vous l'accorderez à Hélène.

Elle a eu un sursaut en arrière.

– Vous êtes donc bien de mèche, tous les deux !

– Je vous l'ai déjà dit, elle n'est au courant de rien. Vous devrez user de persuasion. Elle doit croire que l'idée vient de vous. Et je vous préviens : un seul soupçon de sa part, et c'en est fini de vous.

– Mais quelles raisons pourrais-je bien invoquer ?

– C'est votre problème, pas le mien. Trouvez-en une !

Je me suis levé pour marquer la fin de la discussion et la laisser évaluer ma proposition. Elle n'a pas mis longtemps à me répondre.

– Quelles garanties me donnez-vous que ces photos disparaîtront ?

– Aucune. À partir de maintenant, vous allez vivre dans la crainte. Bienvenue dans une vie de merde ! Vous verrez, on s'habitue.

– Vous êtes un monstre !

– Seul un monstre peut en reconnaître un autre. À présent, vous savez ce que je veux. Obéissez et vous n'entendrez plus jamais parler de moi.

Il y a eu un très long silence que j'ai interprété comme un accord tacite. Je n'avais plus rien à ajouter. J'ai conclu :

– Nous avons donc un deal. Dans dix jours exactement, vous désignerez Hélène comme tutrice de l'autiste. Un seul faux pas, et la France entière découvrira vos talents d'écuyère.

Je suis allé chercher dans les graves pour dire :

– Adieu, Catherine, ce fut un réel plaisir.

Et j'ai refermé la porte derrière moi.

J'avais gagné. J'avais gagné !

En passant devant le concierge, j'ai remarqué qu'il se penchait en avant, sûrement pour le plaisir de constater que j'étais seul. Je me suis approché de lui.

– Mon *amie* se remet de ses émotions. Je l'ai un peu... bousculée, si vous voyez ce que je veux dire.

Je lui ai adressé un clin d'œil complice. Il m'a regardé, ahuri.

– Elle vous réglera la note en descendant.

Je suis sorti du Terrass Hôtel électrisé, boosté à l'adrénaline. L'assurance que je ressentais ne laissait plus de place au doute. Il m'a suffi du court trajet qui me ramenait à la maison pour peaufiner le dernier acte d'un plan qui me paraissait à présent infaillible.

J'ai fait un petit crochet par le fleuriste de la rue Lepic où j'ai acheté un bouquet de roses rouges, treize exactement. Je suis arrivé dans la cour de notre immeuble avec une telle énergie dans le bas-ventre que j'hésitais entre tousser, éclater de rire ou vomir.

La fenêtre de notre salon, au troisième étage, était grande ouverte. J'ai saisi mon portable et j'ai appelé Hélène. La sonnerie a résonné deux fois dans la cour depuis l'appartement avant qu'elle ne décroche. Je ne l'ai pas laissée dire allô.

– Bébé, c'est moi !

– Gontran ? Mais où...

– J'ai quelque chose d'important à te dire, bébé, regarde par la fenêtre du salon !

J'ai vu sa petite tête d'oiseau apparaître au-dessus de moi par l'embrasure de la fenêtre, le portable collé à l'oreille. J'ai raccroché et j'ai pris le bouquet de roses à deux mains, tendu vers elle comme si j'avais voulu qu'elle l'attrape, et j'ai souri de toutes mes dents.

– Hélène... Bébé... Je t'aime. Je n'ai aimé que toi durant toute ma vie et je t'aimerai toujours.

Notre voisine de palier, Mme Gomez, avait dû changer la pile de son Sonotone. Alertée par nos voix, elle penchait par la fenêtre sa tête fripée et, réalisant ce qui se passait, nous offrait son plus beau sourire édenté.

Hélène aussi souriait. Un sourire un peu gêné. La surprise, sans doute.

– Moi aussi, je t'aime.

Visiblement émue, elle tenait encore son portable à l'oreille.

– Bébé… Veux-tu m'épouser ?

Mme Gomez a poussé un cri de joie, ou alors elle a éternué, c'était difficile à dire. Hélène lui a adressé un sourire avant de me regarder de nouveau.

Je pouvais lire un peu de crainte dans ses yeux. De la crainte et de la gêne. Elle a éteint son portable.

– Je ne sais pas quoi dire, Gontran.

– Dites oui ! a crié Mme Gomez avec enthousiasme, en levant le pouce à la romaine.

– Dis oui, bébé. Épouse-moi !

Elle a hoché la tête alternativement de haut en bas et de gauche à droite, comme si elle n'arrivait pas vraiment à se décider.

Elle a finalement prononcé un *oui* timide, suivi d'un petit rire.

Mme Gomez a applaudi.

J'ai grimpé les escaliers quatre à quatre. Hélène se tenait dans l'embrasure de la porte, visiblement choquée mais souriante. Je me suis jeté sur elle et l'ai prise dans mes bras en tournoyant et en l'embrassant dans le cou. Elle s'est mise à rire.

– Je vais te rendre heureuse, tu verras.

Et j'ai ajouté :

– C'est le plus beau jour de ma vie !

Pour d'autres raisons, j'en étais convaincu. Une fois la bague au doigt, l'autiste m'appartiendrait.

8.

J'ai épousé Hélène dans la plus grande précipitation. Je l'ai sentie hésitante dans les jours qui ont suivi ma demande en mariage, parfois même suspicieuse, mais je gérais l'urgence.

Il fallait impérativement que nous soyons mariés avant que l'autiste ne débarque, sans quoi mon plan foirerait.

J'ai abusé de ses faiblesses et tiré sur toutes les ficelles qu'elle mettait à ma disposition. Finalement, j'avais dû attendre que mon père soit mort pour qu'il me devienne utile. J'ai fait un numéro assez brillant de l'orphelin qui a eu une révélation. Ça méritait un oscar.

J'ai aussi fait pleuvoir les promesses de bonheur, à commencer par une lune de miel, bientôt, sur une île déserte *rien que toi et moi, bébé.* J'ai renié publiquement mes ambitions de paparazzo : j'allais tout reprendre à zéro, devenir agent de célébrités, comme Lucas Vernier. Et surtout j'allais l'aimer de toutes mes forces, n'aimer qu'elle, et pour toujours.

Je répétais sans cesse, l'œil humide, « je crois que mon père serait fier de ce qui nous arrive », pour lui clouer le bec avant même qu'elle objecte quoi que ce soit.

Le plus dur, finalement, a été de convaincre ma mère de ne pas monter à Paris. « C'est juste un passage à la mairie, lui répétais-je, on fera une cérémonie plus tard. Oui, ne t'inquiète pas, tu auras l'occasion de le porter, ton chapeau. »

Le jeudi 31 mai, à 15 h 30 précisément, l'affaire était pliée. Quand nous sommes sortis de la mairie, Hervé, qui ne perdait jamais une occasion de se vautrer dans les clichés, nous a lancé du riz. Emma, qui n'avait pas dit un mot depuis qu'elle nous avait rejoints, prenait des photos sans conviction et de manière détachée, comme si elle voulait se débarrasser d'une tâche ingrate. Hélène souriait, visiblement un peu dépassée par les événements. Je ressentais, quant à moi, un soulagement immense. J'avais dit oui au maire en regardant Hélène, mais c'est à l'autiste que je pensais. C'est lui que j'épousais. À présent, nos destins étaient liés, scellés par une petite bague glissée au doigt de Hélène.

On s'est arrêtés dans un bistrot désert en face de la bouche de métro Jules-Joffrin, pas vraiment parce qu'on avait envie d'y entrer, mais plutôt parce que ça paraissait étrange de ne pas le faire.

On a tous les quatre commandé des kirs qui n'avaient de royal que le prix. Hervé enfilait des blagues convenues sur le mariage pour détendre l'atmosphère. Hélène riait poliment. Emma, toujours silencieuse, nous observait tour à tour. Je pouvais deviner dans ses yeux la petite lueur prophétique du désastre annoncé. J'ai préféré penser qu'elle avait surtout les chocottes de finir vieille fille.

Je regardais Hélène, *ma femme*, qui n'avait jamais tant ressemblé à une colombe dans cette robe blanche légère qu'elle destinait aux vacances avant de lui trouver cet autre usage. Une colombe un peu triste. J'aurais pu avoir de la peine pour elle, sincèrement. Enfin, je crois. Mais au-delà de sa tristesse, je me confortais dans l'idée qu'elle bénéficierait malgré elle de la richesse et de la gloire que l'autiste ferait pleuvoir sur nous par mon intermédiaire.

On s'est quittés dans une sorte de gêne que seul Hervé ne semblait pas relever, et nous sommes rentrés à pied, mon *épouse* et moi, par la rue Caulaincourt. De retour à l'appartement, Hélène a enfilé un jogging et s'est mise à faire le ménage pendant que je m'installais devant la télé en m'imaginant déjà derrière l'écran.

Le lendemain matin, je me suis réveillé nerveux. Dix jours s'étaient écoulés depuis ma rencontre avec Catherine Roux au Terrass Hôtel. Logiquement, Hélène serait porteuse de bonnes nouvelles le soir même. Je l'ai attendue dans l'appartement en tournant en rond comme un fauve en cage.

Dans l'après-midi, sentant l'heure approcher, je me suis mis en condition. J'ai d'abord répété devant la glace tout un panel d'expressions de surprise. La plus convaincante à mon goût consistait tout simplement à écarquiller les yeux, la bouche légèrement ouverte.

Malgré la chaleur étouffante, j'ai préféré retirer mon tee-shirt et mon bermuda pour revêtir une chemisette et un pantalon. À grandes responsabilités, tenue responsable.

Je suis ensuite passé aux dialogues. La consigne était simple : tout miser sur les forces du destin, Hélène y était sensible.

Je me suis assis à la table de la cuisine, j'ai ouvert mon agenda en évidence, à côté de mon portable, et j'ai gribouillé une pleine page de ce qui semblait être un plan d'action, avec plein de flèches et de choses à faire.

Quand Hélène a poussé la porte, je l'ai accueillie avec du soleil dans la voix.

– Bonjour, bébé !

Je me suis levé pour la serrer dans mes bras.

– Comment va madame Prouteau ?

– Ça va…

Elle a marqué un temps avant de sourire.

– Moi aussi, ça va super bien. J'ai bossé tout l'après-midi…

J'ai montré de la main mon petit lot de preuves étalé sur la table.

– J'ai même contacté Lucas Vernier, on a rendez-vous la semaine prochaine. J'ai pensé qu'il valait mieux travailler pour lui dans un premier temps, tout seul ce sera galère. Et puis, pour représenter des célébrités, encore faut-il en connaître une, non ?

J'ai ponctué la fin de ma tirade par un rire franc, comme je l'avais répété.

Elle s'est détachée de moi pour aller poser son sac dans le salon. Elle transpirait encore de son voyage en métro. Je l'ai suivie et me suis assis sur le bord du sofa, les coudes sur les genoux et les mains croisées dans le vide.

– Je vais vendre la voiture.

Elle n'a pas semblé faire cas de ce que je venais de dire et s'est affalée à côté de moi en s'épongeant le front avec un kleenex.

– Ah bon ?

– Je pourrais toujours en tirer deux mille euros. Ça permettra de patienter avant mon premier salaire. C'est fini, les vaches maigres, je te le promets.

Elle a soupiré.

– Tu m'écoutes ?

– Excuse-moi, je pensais à autre chose... Figure-toi que...

– Attends, bébé, laisse-moi finir, c'est important, ce que j'ai à te dire.

Les phrases sont sorties toutes seules de ma bouche, sans que j'aie à y penser vraiment. Je la sentais si proche de m'annoncer la nouvelle que je ne pensais plus qu'à l'autiste. Je lui ai parlé de mes responsabilités envers notre avenir. J'ai remercié le destin de nous avoir permis de nous retrouver, de nous marier. Bref, j'allais dorénavant mettre toute mon énergie à la rendre heureuse.

Elle m'écoutait, mais son esprit était ailleurs, et pour cause.

Je l'ai embrassée tendrement. Le décor était planté. C'était à son tour de parler.

– Voilà. C'était important que tu le saches. Je t'aime.

J'ai souri et je lui ai tendu la perche :

– Je crois que tu voulais me dire quelque chose ?

Elle a secoué la tête comme si elle-même n'arrivait pas à croire ce qu'elle allait m'annoncer. Et puis elle s'est lancée :

– Il m'est arrivé quelque chose d'incroyable aujourd'hui, au boulot.

J'ai levé un sourcil pour lui montrer que j'étais intrigué.

– Pour faire court, ma patronne m'a convoquée cet après-midi et m'a proposé la tutelle de David.

J'écarquille. Je bée.

– Quoi ?!… L'autiste ?

– Je sais, c'est dingue !

– Mais… pourquoi ?

– C'est exactement ce que je lui ai dit : pourquoi moi ? Et tu sais ce qu'elle m'a répondu ?

J'ai secoué la tête.

– « Parce que vous êtes la mieux placée pour vous occuper de lui. » Comme ça.

Elle a tourné ses paumes vers le ciel.

– Ça alors !

– Attends, ce n'est pas tout. Elle m'a offert de m'augmenter si j'acceptais. Cinq cents euros net. Par mois !

– Non, tu plaisantes ?!

Cette fois, je n'avais pas eu à feindre la surprise.

– Elle a dit que c'était normal, que ça couvrirait les frais. Elle a dit que nous avions épuisé les démarches pour retrouver sa famille et qu'il allait désormais être placé sous tutelle de l'État. En gros, il va finir ses jours à croupir dans une chambre d'HP public si on n'agit pas maintenant.

– Le pauvre !

– Le pire, c'est qu'elle a raison : j'ai fait des stages en HP, j'ai vu comment finissent les sans-famille…

Ses yeux s'embuaient.

– Et alors, qu'est-ce que tu lui as répondu ?

Elle m'a regardé d'un air résigné.

– J'ai refusé, bien sûr. Que voulais-tu que je lui dise ?

J'ai serré les poings, mais je suis resté calme, j'avais encore des arguments.

– Et vous en êtes restées là ?

– Oui… Enfin, non… Elle a encore insisté. « Pour le bien de David », elle répétait. Elle m'a fait promettre d'y réfléchir pendant le week-end. Elle m'a aussi suggéré de t'en parler. Elle dit que c'est une décision qui nous concerne tous les deux.

La maligne !

Je me suis levé pour arpenter le salon. Je prenais l'air d'y réfléchir intensément. Au fond de moi, j'étais prêt à sortir mes tirades, j'avais bien répété, mais je voulais créer une ambiance dramatique. Après plusieurs allées et venues, je me suis retourné brusquement, le doigt en l'air.

– Et si c'était un signe ?

– Hein ?

– Mais oui, bébé, si c'était un signe ? Ce mec qui débarque de nulle part et qui arrive directement dans ton service… Je prends sa photo, et bingo ! Il devient célèbre… Et là, comme par hasard, au moment où je décide de me lancer dans la représentation de *célébrités*, hop ! On t'en confie la charge… Tu vois où je veux en venir ?

À son tour d'écarquiller les yeux.

– Bébé, c'est le destin qui frappe encore une fois !

– Tu es en train de me dire que je devrais accepter ?

– Que *nous* devrions accepter, mais oui. Bien sûr !

– Mais c'est impossible, je travaille, je ne pourrais pas m'en occuper… Et puis où veux-tu qu'on l'installe ? C'est trop petit, ici.

– Je vais m'en occuper, moi, ai-je souri à pleines dents. Tu viens de me trouver mon premier client !

Devant son air ahuri, j'ai préféré enchaîner :

– L'autiste est déjà une célébrité, les gens vont se l'arracher, tu verras. Je pourrais sûrement lui obtenir des contrats juteux avec des marques de fringues…

– … Il s'appelle David.

– C'est vrai, pardon… *David*… On déménagera dans un grand appartement, on pourra se le permettre. C'est une chance pour tout le monde.

– Tu sembles oublier qu'il n'est pas autonome, qu'il faudra tout le temps s'occuper de lui.

– Je m'en occuperai comme de moi-même. Je le bichonnerai, tu verras. Il ne sera pas une charge financière, au contraire : il rapportera assez de blé pour nous mettre à l'abri du besoin jusqu'à la fin de nos jours…

J'ai tout de suite regretté ce que je venais de dire. Hélène fronçait les sourcils.

– Gontran ! David n'est pas une marchandise. On parle d'un engagement à vie, de grandes responsabilités… En plus, il n'est pas apte à travailler.

– Non, bien sûr, bien sûr… Évidemment qu'on va surtout prendre soin de lui, mais avoue qu'il n'y a aucune raison de ne pas essayer. Tout ce qu'on lui demande, c'est d'être beau et de poser… De toute façon, il ne fait que ça à longueur de journée.

Je me suis agenouillé devant elle.

– Bébé… Pense à moi aussi, ça peut me lancer dans le métier. Écoute, le destin a placé l'aut… *David* sur notre chemin, on ne peut pas juste choisir de l'ignorer. On va se serrer les coudes et faire quelque chose de bien ensemble, en équipe. C'est un peu comme si on avait un enfant, sauf qu'on n'a pas à lui changer les couches.

J'ai ri pour essayer de détendre l'atmosphère, Hélène ne m'a pas suivi.

– On ne doit pas lui changer les couches, rassure-moi ?

– Gontran…

– Je rigole, bébé… Écoute, on a l'occasion de faire quelque chose de bien ici, d'aider quelqu'un qui n'a que nous. Je sais que ça complique beaucoup de choses, mais ensemble on va y arriver. David a *besoin de nous.* Tu ne veux quand même pas qu'il finisse enfermé ?

– Non… évidemment… Non. C'est juste que… je ne m'attendais tellement pas à cette réaction de ta part, je ne sais pas quoi dire.

– Dis oui. Accepte la proposition de ta patronne. J'ai changé, bébé, je veux que ma vie ait un sens. C'est pour ça que je t'ai épousée, c'est pour ça qu'on va aider David. On va partager une aventure formidable, faire quelque chose de bien, *ensemble.*

Hélène est restée silencieuse un long moment en regardant ses pieds. Je me suis assis à côté d'elle et je lui ai pris la main sans rien ajouter.

J'aurais bien fumé un cigare.

9.

J'attendais Hélène et l'autiste, excité comme un gosse qui attend le matin de Noël. C'était même difficile de réfréner mon envie de sautiller dans l'appartement comme un cabri.

La procédure de mise sous tutelle avait été accélérée et personne ne s'en était formalisé, surtout pas moi. Catherine Roux œuvrait dans l'ombre, je constatais avec une certaine jouissance qu'elle m'avait pris très au sérieux. Je me suis demandé si elle lui avait fait ses adieux en bonne et due forme et je me suis rendu compte que ça m'était égal. Plus rien d'autre n'avait d'importance que les perspectives de gloire qui s'offraient à moi.

J'avais pris les devants et contacté plusieurs magazines people. Sans surprise, j'avais pu faire monter les enchères en seulement quelques coups de fil : tous s'arrachaient l'exclusivité. Tous rêvaient d'être les premiers à publier la suite des aventures du mystérieux David. Celui qui avait embrasé la France entière.

Paris Match avait remporté la mise pour la coquette somme de quatre-vingt mille euros, dont dix mille en dessous-de-table et PMG, *pour ma gueule*. Pas mal pour un début.

J'avoue que ce n'était même pas cette somme, pharaonique pour nos moyens de l'époque, qui m'excitait le plus. Non, ce qui m'excitait vraiment, c'était d'être considéré. Finis les barrages de secrétaires, on me passait directement les décideurs. Et ils me rappelaient. Ils ne faisaient aucune économie de leurs égards : monsieur Prouteau par-ci, monsieur Prouteau par-là, je prenais enfin du plaisir à entendre mon nom. J'ai imposé le Crillon comme cadre de l'interview et on s'est mis d'accord pour un rendez-vous le vendredi suivant à 9 heures.

Hélène n'a pas accueilli la nouvelle chaleureusement. J'ai dû la convaincre qu'il s'agissait d'un devoir. Devoir envers tous ceux qui s'étaient massivement enthousiasmés pour l'appel à témoins et qui seraient, bien sûr, *soulagés* d'apprendre que David était tombé entre de bonnes mains. Je lui ai rappelé notre responsabilité de trouver rapidement un cadre de vie confortable pour *notre petite famille* : cet argent allait nous permettre de déménager très vite dans un appartement plus grand. Elle a fait la moue, mais au fond, je sentais qu'elle était très heureuse de tout ce bouleversement. Sa générosité maladive allait pouvoir s'épanouir à loisir.

J'avais du *ça sera bien pour David* plein la bouche, et je voyais ses yeux scintiller chaque fois que je prononçais son nom. Je me demande même si elle n'était pas surtout émue de me voir si préoccupé.

Préoccupé, je l'étais, mais pour d'autres raisons : j'allais faire la une de *Paris Match*.

Ils sont enfin arrivés.

Hélène le tenait par le bras, elle paraissait toute menue à côté de lui.

– Voici ta nouvelle maison, David.

Elle avait la voix chargée d'émotion.

Je me suis levé pour les accueillir, les bras ouverts, un peu comme un père qui accueillerait son fils aimé parti à la guerre trop longtemps.

En m'approchant, je me suis ravisé, et je suis resté un instant interdit, les bras en l'air. J'avais du mal à m'habituer à sa beauté, à son port de tête, à sa perfection. Il teintait de médiocrité tout ce qu'il approchait : la cuisine et même tout l'appartement prenaient par contraste des allures de favela.

J'ai embrassé Hélène chastement sur la joue et j'ai regardé l'autiste.

– Bienvenue chez toi, David !

Je l'ai clamé à l'attention d'Hélène plus qu'à la sienne. Je commençais à trouver ça débile de s'adresser à lui vu qu'il ne pigeait rien de toute façon.

Elle a refermé la porte derrière eux et l'a guidé vers le salon. Il s'est posté tout seul face à la fenêtre. Hélène et moi, nous nous sommes regardés un long moment en souriant.

– Tu sais quoi ? On a intérêt à prendre un appart avec une belle vue.

Elle a ri, s'est collée tout contre moi et a posé sa tête sur mon épaule.

– Tu es toujours sûr de vouloir qu'on le garde ?

– Plus que jamais, bébé. David n'a plus que nous, on est sa seule famille à présent. On va bien s'en occuper, tu verras.

Elle a relevé la tête pour me regarder. Ses yeux brillaient encore.

Je l'ai embrassée à pleine bouche pour toute réponse en regardant l'autiste. Des picotements me traversaient le corps. Il était à moi. Il était bien à moi. Fini de courir après, je possédais dorénavant mon *people* personnel, et le plus *beautiful* d'entre eux.

Le reste de la soirée s'est déroulé dans le calme et la bonne humeur. Étrangement, sa présence silencieuse et son apparente sérénité m'obligeaient presque à chuchoter.

Il s'est docilement installé à table avec nous sous l'impulsion d'Hélène et a partagé notre repas avec appétit.

On lui jetait de temps à autre un regard amusé pendant qu'Hélène me prodiguait ses conseils : il obéissait très bien aux impulsions, il suffisait de lui montrer avec douceur ce qu'on attendait de lui, manger, se déshabiller, se laver, s'habiller.

– Par contre, il ne se coiffe pas tout seul, a-t-elle spécifié, le doigt en l'air.

– Et pour le… popo ? ai-je ajouté, la bouche en biais.

Elle a fait durer le suspense quelques secondes avant de me rassurer :

– Autonome !

J'ai poussé un soupir de soulagement. Nous avons ri.

Pendant que je faisais la vaisselle, un égarement que j'ai mis sur le compte de mon excitation, Hélène a déplié le canapé-lit et mis les draps. J'essuyais le dernier verre quand elle a passé la tête dans l'embrasure de la porte.

– Tu viens voir une minute ?

Je l'ai suivie dans le salon, l'autiste se tenait debout, près du canapé déplié.

– Regarde, c'est très simple.

Elle s'est mise face à lui.

– C'est l'heure de te mettre au lit, David.

Elle a saisi le bas de son tee-shirt à deux mains et l'a tiré vers le haut. Il a levé les bras et a fini de l'enlever tout seul. Puis, comme s'il était lancé, il a retiré ses sandales et son pantalon.

J'ai retenu un cri quand il a ôté son slip.

L'image était violente : l'autiste affichait sa nudité décomplexée, le regard dans le vide, tandis qu'Hélène, sourire aux lèvres, se baissait pour ramasser ses vêtements. En se redressant, sa tête a frôlé son sexe. C'était une chose de le voir nu avec Catherine Roux, une tout autre chose devant Hélène.

J'ai ressenti un mélange bizarre de nausée et de colère. Nausée de voir exposés ses attributs parfaits : les épaules larges et arrondies, le torse puissant, les tablettes de chocolat, les cuisses galbées, tout ce que je n'aurais jamais, même dans mes rêves les plus fous.

Colère de ne pas pouvoir échapper à cette navrante comparaison et de deviner derrière le sourire médical d'Hélène la frustration légitime de partager ma couche et non la sienne. Colère aussi, et c'était le plus surprenant, de m'apercevoir que j'étais jaloux.

Elle a tiré le drap et l'autiste s'est allongé, prêt à s'endormir. Elle a conclu sur un ton de maîtresse d'école :

– Tu vois comme c'est simple ?

Et elle l'a recouvert.

J'ai forcé un sourire et je me suis enfui dans la chambre.

Je n'avais pas pensé à la promiscuité, ou plutôt je n'avais pas évalué à quel point elle me serait défavorable aux yeux d'Hélène. J'ai eu un pincement au cœur.

Je me déshabillais à mon tour quand Hélène m'a rejoint. Mon reflet en forme de bouteille d'Orangina dans le miroir de l'armoire m'insultait avec cruauté.

Elle a dû s'en rendre compte. Elle a passé ses bras autour de la bouée qui me servait de taille et m'a embrassé la nuque, au niveau du goulot.

Hélène n'avait pas menti : s'occuper de l'autiste s'avérait d'une simplicité déconcertante.

Je lui ai tendu ses vêtements après qu'il a pris sa douche et il s'est habillé sans autre cérémonie. Il s'est laissé coiffer comme un enfant. J'ai passé le peigne dans ses cheveux épais sans pouvoir m'empêcher de jeter des coups d'œil angoissés sur ma tonsure naissante.

Le rendez-vous au Crillon était prévu pour le lendemain matin. Même si l'autiste était du genre à être sublime rien qu'avec une serpillière autour de la taille, j'avais un mythe en construction.

J'ai pris la carte bleue qu'Hélène m'avait laissée en partant et les clefs de la Twingo.

Time for shopping !

J'ai guidé l'autiste hors de l'appartement. L'avantage avec les débiles : ils ne discutent pas. En arrivant au fond de la cour, je l'ai fait passer devant en ouvrant la porte cochère, le temps de jeter un coup d'œil à la boîte aux lettres. Quand je l'ai rejoint dehors, il avait disparu.

Comme tous les jours en juin, un troupeau de touristes migrait par la rue Lepic en passant juste devant l'entrée de l'immeuble. Encore heureux qu'ils étaient japonais et pas hollandais, je l'ai vite repéré un peu plus haut : il surplombait tout le groupe de deux têtes.

Je me suis frayé un passage à coups de coude et je l'ai tiré par le bras vers le trottoir d'en face. Je ne l'ai plus lâché.

En descendant la rue des Abbesses pour récupérer la voiture, j'ai remarqué que les gens nous regardaient bizarrement. Au début, j'ai pensé qu'ils devaient nous trouver ridicules, à marcher bras dessus, bras dessous ; on ne se refait pas. Et puis j'ai vite compris, quand deux jeunes filles ont poussé un cri en le montrant du doigt, que c'était lui, en fait, la raison de toute cette attention. Je n'avais pas encore pris l'habitude de me promener avec une célébrité. J'ai bombé le torse et pressé le pas.

Je me suis garé rue Étienne-Marcel, au coin de Montorgueil, et je nous ai précipités dans le premier magasin de fringues branché qu'on a croisé. Par chance, il n'y avait pas d'autres clients dans la boutique.

Le vendeur, un grand Black consterné de bijoux, est venu nous saluer. Il avait des pampilles en argent qui lui pendaient des oreilles, du cou, de la ceinture et des poignets. Je me suis dit qu'il avait sûrement dû être un lustre vénitien dans une autre vie.

Il a d'abord souri à l'autiste, un sourire large avec les yeux remplis de reconnaissance. *Je t'ai reconnu.* Une expression que je devais bientôt lire sur presque tous les visages qu'on croiserait. Il allait falloir que je m'y habitue.

Il m'a ensuite adressé un bonjour très révérencieux et entendu. J'ai adoré.

– N'hésitez pas à me demander si vous avez besoin d'aide.

– Justement, mon *ami* a besoin d'une nouvelle garde-robe. Je suis sûr que vous pouvez faire quelque chose.

– Un style en particulier ?

– Irrésistible.

– Taille ?

– Mannequin.

Il a opiné de la tête, a évalué la largeur d'épaules et le tour de taille de l'autiste, et puis il est parti fouiller dans les rayons.

Il est revenu quelques minutes plus tard, les bras chargés de vêtements, qu'il a posés sur le comptoir avant de se retourner vers moi.

– Pour l'essayage, on procède comment ?

Il avait pris un ton sérieux et courtois. On aurait dit un majordome. Ce type avait vraiment la classe.

– Je vais vous montrer.

Il a vite compris la technique. Pendant que l'autiste revêtait une première tenue, il est allé me chercher un café et a rapproché un fauteuil pour que je sois bien à l'aise. On peut dire que ça me changeait de mes visites éclair en pleine cohue chez Celio. Je jubilais. Et le meilleur restait à venir.

Pendant les essayages, quelques clients sont entrés. Leurs tentatives pour paraître occupés à chercher entre les portants ne m'ont pas dupé. Le vendeur non plus, d'ailleurs.

Quand l'un d'eux a sorti son portable en le pointant vers l'autiste et que j'ai entendu le petit clic de l'appareil photo, j'ai dû faire une telle tête que mon majordome s'est dirigé vers eux dans l'instant et les a priés fermement de sortir.

– Désolé, messieurs, nous devons fermer la boutique pour le moment. Vous pourrez repasser dans l'après-midi.

Il y a eu des « Oh ! » et des « Ah ! », mais tous, à leur façon de jeter un dernier coup d'œil avide vers l'autiste et de s'amasser ensuite devant la vitrine, comprenaient très bien l'enjeu d'une telle décision.

Hé ! J'étais dans la place, après tout.

Une fois la porte fermée à clef, le vendeur, décidément irréprochable, a monté le son, m'a resservi un café et nous a dégoté d'autres articles qui paraissaient cousus pour l'autiste.

Il est resté toujours discret et courtois en pliant soigneusement les vêtements dans des sacs, et pendant qu'il tapotait sur la caisse enregistreuse, il m'a fait savoir sans même me regarder qu'il offrait une remise de vingt pour cent sur le total.

C'est vérifié : on ne donne qu'aux riches.

Les trois mille huit cents euros dépensés ont mis un terme définitif aux économies d'Hélène, mais je n'avais pas de scrupules. C'était un pourboire par rapport à ce que David allait rapporter dès le lendemain.

Le vendeur nous a raccompagnés jusqu'à la porte pour nous ouvrir et m'a sobrement dit « à bientôt » en me tendant la main. J'ai posé un instant une partie des sacs pour lui secouer les pampilles et nous sommes sortis.

Un petit groupe de curieux s'était formé sur le trottoir. J'ai eu du mal à rassembler tous les sacs sur un seul bras pour agripper l'autiste et j'ai essayé de nous frayer un passage.

Trois adolescentes, plus effrontées que les autres, ont fait barrage. L'une d'elles paraissait se sentir mal. J'ai cru comprendre qu'elle gémissait « C'est lui ! », mais j'avais du mal à entendre avec ses deux mains collées sur la bouche.

Une autre, qui devait avoir, à tout casser, douze centimètres carrés de tissu sur le corps, m'a demandé si elle pouvait être prise en photo avec lui en me montrant son appareil numérique. J'ai eu l'impression que sa vie en dépendait.

J'ai répondu sèchement :

– Écoute, tu ne vois pas que c'est pas le moment ?

Et j'ai foncé en le tirant derrière moi. J'allais quand même pas me faire emmerder par des gamines.

Elles nous ont suivis. Celle qui était presque à poil nous a rattrapés et a tenté de prendre une photo. Je lui ai barré la vue avec les sacs en évitant de justesse de les lui foutre sur la gueule. J'étais hors de moi. À ce stade, une photo de lui pouvait valoir son pesant d'or.

– Oh ! Ça va ! C'est pas ta photo à toi que je veux !

J'avais compris, merci.

– Et pis d'abord, t'es qui, toi ? !

J'ai voulu lui répondre, mais j'ai eu un blanc. Après tout, c'est vrai : j'étais qui dans cette histoire ? Gontran Prouteau, ça ne voulait rien dire. Son maître ? Sur le moment, j'avais plutôt l'air de son valet.

– T'inquiète pas, tu le sauras bientôt !

Pas terrible, mais ça laissait des portes ouvertes.

Dans l'énervement, j'avais lâché l'autiste et il continuait à marcher devant. J'ai couru derrière lui pour le rattraper et j'ai accéléré le pas jusqu'à la voiture.

La petite pouffiasse m'avait donné une idée.

Hélène, qui prenait son rôle de tutelle très au sérieux, m'avait déclaré qu'elle allait ouvrir un compte au nom de David afin d'y placer l'argent de *Paris Match* et des éventuels contrats de mannequin que je pourrais lui obtenir. Elle avait concédé à notre bourse les frais de déménagement, ceux qui le concernaient directement et quinze pour cent de ce qu'il gagnerait, à titre d'agent. Je ne pouvais pas objecter après avoir joué la carte de l'altruisme autant de fois dans nos discussions. Ça m'avait foutu en rogne, mais quand bien même nous étions mariés, la tutelle était nominative et c'est elle qui décidait.

Il était hors de question que l'autiste s'enrichisse à mes dépens. Après tout, c'était moi, le marionnettiste, c'était moi le talent. Il y avait donc l'officiel, ce qu'Hélène pouvait gérer, et l'officieux. Et je n'allais pas me priver.

On est arrivés devant le Crillon le lendemain un peu avant 8 h 30. J'ai laissé le voiturier s'éclater à garer la Twingo, et quand il est revenu, je lui ai demandé de nous prendre en photo, l'autiste et moi, à l'entrée de l'hôtel. Quand il a appuyé sur le déclencheur, j'ai fait genre surpris par un paparazzo, la main levée, en ratant de peu de me cacher le visage. Le voiturier n'a pas compris. Je ne lui en demandais pas tant.

J'avais également pris quelques clichés de l'autiste rue Lepic un peu avant. Je me préparais un joli petit roman-photo qui allait ravir les *Voici*, *Public* et autres torchons. Et tout ça, direct dans ma poche.

Dans la suite du Crillon, des techniciens étaient déjà en train de préparer les lumières. Des parapluies réflecteurs étaient disposés aux quatre coins de la pièce sur des tapis de câbles qui partaient dans tous les sens. Voir autant d'agitation autour de moi et pour moi m'a rempli de supériorité.

Une jeune femme hyper stylée, si on considère que porter des vêtements recyclés est un style, s'est approchée de nous. Elle portait des lunettes qui lui recouvraient les trois quarts du visage, façon hublots.

– Vous devez être monsieur Prouteau ? Et je crois reconnaître la nouvelle idole des Français : bonjour, David !

Elle lui a tendu la main, il n'a pas bronché. J'ai fait une contorsion pour la lui serrer à sa place.

– Ne prenez pas ça pour une marque d'impolitesse, mais il ne communique pas. Vous pouvez m'appeler Gontran. Je suis son agent le jour et son tuteur par alliance le reste du temps.

– Je vois.

Elle a souri. Un bon vieux sourire sans ambiguïté, qui m'assurait de sa considération. Du baume pour l'ego.

– Moi, c'est Julie. Je chapeaute la séance d'aujourd'hui, donc si vous avez besoin de quoi que ce soit, vous venez me voir. Je propose qu'on le passe tout de suite au maquillage ? Anne Rimbaut, la journaliste, ne va pas tarder. Si on pouvait commencer à l'heure, ce serait génial.

Elle s'est penchée vers moi comme pour me faire une confidence.

– J'ai un meilleur tarif si on rend la suite avant midi.

Elle nous a menés à la salle de bains où était installée une maquilleuse, pratiquement une gamine, qui s'est mise à dévorer l'autiste des yeux dès qu'il s'est assis.

En sortant, Julie a pointé le doigt vers un guéridon près de la cheminée.

– Si vous voulez, il y a du café, du jus d'orange et des viennoiseries. Servez-vous.

– Je ne passe pas au maquillage ?

Elle a eu l'air surprise. Elle a regardé le bloc-notes qu'elle tenait dans sa main avant de répondre.

– Euh… je n'avais pas compris que vous participiez à la séance photo.

J'ai froncé les sourcils.

– Le reportage traite de sa nouvelle vie, non ? *Je* suis sa nouvelle vie.

– On n'a pas dû bien me briefer, au temps pour moi. Vous n'avez qu'à passer après David.

Elle s'est éloignée pour passer un coup de fil.

Cette manie de vouloir m'enlever ma part de gloire !

Anne Rimbaut a fait irruption dans la salle de bains alors que la maquilleuse finissait de camoufler ma couperose. Du beau boulot.

Elle avait l'air essoufflée. Ses cheveux ébouriffés trahissaient clairement la panne d'oreiller.

– Salut, Gontran, je suis Anne. Je suis la gribouilleuse qui va t'interviewer. Julie m'a dit que tout le monde était prêt, on commence par tes photos et ensuite…

Elle a tenté un accent latin :

– *Tou es a moua !*

Deux secondes d'introduction, et déjà ma meilleure amie.

Ils m'ont shooté, d'abord seul sur le canapé, puis quelques clichés assis à côté de l'autiste. J'essayais d'avoir l'air bienveillant et paternel, enfin j'imaginais. Vu mon expérience en la matière, c'était plutôt un rôle de composition.

Anne Rimbaut m'a ensuite emmené à l'écart où elle s'est lancée dans un marathon de questions auxquelles j'ai tenté tant bien que mal de répondre avec finesse, l'œil rivé sur l'autiste.

Il se laissait faire docilement. Quand j'ai mentionné son habitude de toujours se tenir devant les fenêtres, il y a eu un branle-bas de combat collectif pour bouger tout le matériel et prendre une série de photos de l'autiste regardant par les fenêtres de la suite.

À 11 heures, l'affaire était bouclée. Tout le monde m'a remercié chaleureusement, moins qu'Anne Rimbaut qui m'a embrassé comme du bon pain.

Julie m'a fait signer le contrat et la décharge des droits à l'image, puis elle m'a discrètement tendu une enveloppe avant de partir. Je n'ai pas eu l'indécence de compter devant elle, je savais qu'il y avait les dix mille.

On voit le monde différemment quand tout vous sourit. Je m'en suis aperçu en sortant du Crillon. Les lumières paraissaient plus vives, le contour des choses plus net. En regardant mes pieds, j'ai eu l'impression que le sol était plus éloigné que d'habitude. Mon estime de moi, surtout, atteignait des sommets que je n'avais jusqu'alors jamais soupçonnés, et je pensais que rien ne pourrait m'en faire descendre.

C'était, bien sûr, avant de lire ce que *Paris Match* allait publier.

10.

Si j'avais un seul conseil à donner à tous ceux qui cherchent un appartement dans le centre de Paris, ce serait celui-ci : munissez-vous d'une célébrité. Ça fait bien, dans le dossier.

Au départ, je ne pensais pas me rendre au rendez-vous de l'agence avec l'autiste. Quelques jours avaient suffi à me dissuader de me promener dans les rues avec lui. Avec les mobiles, ça cliquait dans tous les sens et j'en avais marre de m'engueuler avec tout le monde. D'un autre côté, dès qu'il s'agissait de paraître important, je me sentais tout nu sans lui, dépossédé de mes apparats. Et puis, même si on avait maintenant les moyens, nos chances étaient maigres de se voir accorder un loyer élevé sur le seul salaire d'Hélène.

J'avais rendez-vous avec l'agent immobilier, une certaine Michèle Vincent, au 34 boulevard Sébastopol.

– Sonnez au 4G, escalier de gauche, je vous y attendrai, m'avait-elle dit au téléphone.

L'annonce décrivait un cent trente-cinq mètres carrés refait à neuf avec une vue imprenable, trois chambres et deux salles de bains. Des critères qui m'avaient séduit.

À notre arrivée dans le hall, un couple très comme il faut, la quarantaine, sortait de l'ascenseur. Ils étaient accompagnés, j'imagine, de leur fillette, une préadolescente aussi jolie que sa Barbie de mère, qui a regardé l'autiste en passant comme s'il sortait tout droit d'un conte de fées. On a pris leur place dans l'ascenseur. Avant que la porte ne se referme, la mère s'est exclamée :

– J'espère que ça va marcher !

Ce à quoi Ken a répondu, la voix chargée de testostérone :

– Ne t'inquiète pas, chérie, avec le dossier qu'on lui a remis, aucune chance qu'il nous échappe.

Au quatrième étage, la porte de l'appartement était entrebâillée. J'ai poussé l'autiste à l'intérieur avant de la refermer derrière nous et je me suis avancé, seul, dans le long couloir recouvert de moquette épaisse qui semblait mener au salon. Sur la droite, une première porte donnait sur une cuisine spacieuse baignée de lumière et équipée dernier cri. Le couloir se séparait ensuite en deux sur la droite, probablement vers les chambres et les salles de bains. En face, une double porte vitrée marquait clairement l'entrée du salon, une pièce gigantesque, plus grande que notre appartement de la rue Lepic.

L'annonce n'avait pas menti, la vue était pour le moins spectaculaire : les quatre fenêtres plongeaient sur les toits de la rue Quincampoix, au-dessus desquels s'élevait le Centre Pompidou. Mieux encore, le salon était situé pile-poil face à un passage rejoignant la rue Saint-Martin, offrant à travers deux des fenêtres une perspective dégagée sur l'amas de tuyaux qu'était le musée et la grosse chenille qui lui servait d'escalator.

Vue sur monstre : l'autiste allait pouvoir s'éclater tout son saoul.

Accoudée sur une niche, au fond à gauche, Michèle Vincent, peroxydée à s'en cramer la tignasse, rangeait des papiers dans une chemise en carton en tirant sur une clope. Elle ne m'avait pas vu entrer. J'ai toussé, elle a sursauté. Je me suis approché d'elle en lui tendant la main.

– Bonjour, vous devez être madame Vincent ?

Au lieu de venir à ma rencontre, elle a nerveusement rangé une flasque argentée dans son sac à main et elle s'est précipitée vers la fenêtre pour balancer son mégot dans la rue.

– Monsieur Prouteau…

Elle avait une voix rocailleuse qui m'a fait penser à Jeanne Moreau en phase terminale.

– … j'allais vous appeler. Je vous avais prévenu que cet appartement était unique en son genre, il vient juste de partir.

Elle m'a serré la main. Une main sèche, froide et osseuse. Elle devait avoir la quarantaine bien frappée, le visage émacié et fardé à outrance. Elle semblait vouloir nier l'usure du temps à coup de tee-shirts moulants et de jeans trop serrés. Plutôt raté. Apparemment, elle avait aussi un contentieux avec la gravité, à voir sa tentative pour se remonter les seins sous la gorge, deux flans gélatineux qui nageaient à la surface de son Wonderbra et dansaient quand elle marchait.

Elle sentait le manque d'amour à plein nez.

– Mais ne vous inquiétez pas, j'en ai un autre à vous montrer. Vous avez un peu de temps devant vous ? C'est juste…

– C'est celui-ci que je veux.

– Ah ! Malheureusement, c'est trop tard, on vient juste de me remettre le dossier idéal. Un haut fonctionnaire, on ne peut pas rêver mieux. Et j'ai donné ma parole. Mais j'en ai d'autres à vous montrer, ne vous inquiétez pas. On va trouver quelque chose qui vous conviendra, j'en suis…

– C'est *celui-ci* que je veux.

– Ben dites-moi, vous êtes têtu, vous !

Elle l'avait dit sur le ton de la plaisanterie, mais je la sentais agacée. Il était temps que je brandisse ma pierre philosophale.

– Je me permets d'insister, mais vous allez comprendre. Je cherche une vue exceptionnelle pour un locataire… *exceptionnel.*

Je m'étais penché pour le lui souffler à l'oreille. Au passage, j'ai reçu en plein pif ses effluves de parfum, de tabac et d'alcool, un cocktail rance, mais ça valait le coup : j'avais éveillé sa curiosité.

– Suivez-moi.

À mi-chemin dans le couloir, elle a stoppé net et m'a agrippé le bras comme si elle allait tomber.

– Ça alors ! C'est le type de la télé ! ?

– En chair et en os !

Elle s'est voûtée un peu plus en s'approchant. Sa manière, je suppose, d'effectuer une révérence.

Elle était tellement émue qu'elle ne m'avait pas lâché le bras. Le sourire de courtisane qu'elle affichait ne la quitterait plus. Il était clair que je venais de lui offrir une parenthèse inespérée dans sa petite vie morose.

Elle contemplait goulûment l'autiste. Je pouvais lire dans ses yeux l'émerveillement causé par sa beauté et surtout le privilège d'approcher le phénomène dont tout le monde parlait.

– Je peux vous faire une confidence ?

Elle a hoché la tête avec avidité.

– Il passe le plus clair de son temps à regarder par la fenêtre. Vous comprenez pourquoi il ne faut pas de vis-à-vis… mais une vue surprenante. Vous savez quoi ? Montrez-lui le reste de l'appartement, on verra s'il s'y sent bien.

J'ai eu l'impression d'offrir un bonbon à une gamine. Elle a pourtant hésité.

– Prenez-le par le bras. Allez-y.

Elle m'a lâché le bras pour prendre celui de l'autiste en frémissant. Elle l'a timidement dirigé vers la cuisine en me jetant un dernier coup d'œil inquiet. Je l'ai encouragée d'un signe de la main et je suis retourné au salon pour fumer une cigarette dans mon nouvel appartement. Autant la laisser prendre son pied sans la déranger.

Quand ils m'ont rejoint quelques minutes plus tard, elle s'accrochait toujours à lui des deux mains et semblait toute guillerette.

– Et là, c'est le salon avec une très belle vue dégagée sur le Centre Pompidou. C'est encore plus beau la nuit avec l'éclairage. Qu'en pensez-vous ?

Je n'en croyais pas mes yeux : elle minaudait. Elle s'adressait à l'image fantasmée qu'elle s'était faite de lui, sans parvenir à accepter la réalité de son mutisme. Une dingue.

– Je crois qu'il vous aime bien. Je me souviendrai de vous inviter à la pendaison de crémaillère.

– Je suis vraiment embêtée. J'ai déjà donné ma parole à d'autres clients…

– Écoutez, je sais que mon dossier ne sera pas aussi bon que celui de votre *haut fonctionnaire*, mais vous n'aurez sûrement pas de mal à leur trouver autre chose, non ? Regardez David, il a l'air de se plaire ici. Vous ne croyez pas qu'il mérite de se sentir bien ? Et tout ça *grâce à vous* ?

Elle a regardé l'autiste et a paru hésiter encore.

– Voilà ce que je vous propose : on est à deux pas de votre agence, allons-y ensemble maintenant et on signe les papiers dans la foulée.

Je ne lui ai pas laissé le temps de réfléchir et j'ai ajouté :

– Vous voulez bien le guider jusque là-bas ?

Je l'ai sentie soupeser la valeur de sa parole donnée contre un moment de gloriole auprès de ses collègues. Elle n'a pas mis longtemps à se décider.

– Bon, c'est d'accord.

Elle s'est enhardie à prendre l'autiste par la taille. Je l'ai laissée faire, après tout, elle avait bien mérité ce petit bonus.

En sortant de l'agence, le bail à la main, j'ai appelé Lucas Vernier pour le prévenir que j'aurais un peu de retard. Évidemment, ce n'était pas très grave, il attendrait, m'a-t-il assuré mielleusement. C'est sûr que ça abaisse sérieusement le niveau de stress d'avoir les autres entortillés autour de son petit doigt : j'ai pris tout mon temps pour arriver à l'hôtel Costes où nous avions rendez-vous pour déjeuner.

Il y a eu comme un murmure qui a parcouru toute la salle du restaurant quand nous l'avons traversée. Un bruissement discret. Personne n'osait regarder l'autiste directement, et pourtant je sentais tous les yeux braqués sur nous. L'avantage de se pavaner avec lui dans les lieux ultra branchés, c'était que les nantis qui les fréquentent estiment qu'ils *méritent* d'y côtoyer des célébrités. Ils s'y attendent même, c'est compris dans l'addition. En contrepartie, il est vulgaire de s'extasier, voire décrédibilisant aux yeux de leur caste. On était tranquilles.

En voyant le maître d'hôtel approcher, Vernier s'est levé et m'a serré la main. On s'est servi quelques banalités sur mon retard, tout excusé, et on s'est assis de concert. Il a tout de suite plissé les yeux.

– Je me trompe peut-être, mais il me semble qu'on s'est déjà rencontrés, non ?

– Si le fait de me retrouver à quatre pattes pour t'essuyer le pantalon compte pour une rencontre, alors oui, on s'est déjà rencontrés.

Il a paru choqué, j'ai souri.

– Au Mathis, il y a environ deux mois.

– Oh ! Mon Dieu, bien sûr… Je suis vraiment confus. J'étais très…

– T'inquiète pas, c'est oublié.

J'étais sincère. Je n'en avais plus rien à battre de tout ce qui s'était passé avant. J'étais ailleurs dans ma vie. J'étais un autre. On est vite passés à autre chose, à ce qui nous avait réunis : la carrière de l'autiste, ou comment le conduire de phénomène à star.

Très professionnel, Vernier portait toute son attention sur moi, mais je devinais, par les sourires un peu niaiseux qu'il adressait à l'autiste tout en me parlant, qu'il partait en flaque.

Dès le milieu du déjeuner, j'ai su que j'avais fait le bon choix en faisant appel à son carnet d'adresses. Il citait en moyenne deux people par phrase. Ça me donnait le vertige tellement il connaissait de monde, ou alors c'était un bluffeur émérite, mais à voir le nombre de clients qui le saluaient en partant, il ne se la jouait pas.

Vernier se montrait très enthousiaste. Il n'avait pas l'habitude de travailler avec des novices, mais l'autiste l'excitait. Il m'a expliqué que c'était pour lui comme prendre un diamant brut et en polir toutes les facettes. J'ai adoré la comparaison.

– Il faut un coup d'éclat pour l'installer. D'abord, on casse tout de suite son image d'autiste en l'associant à une star, de préférence internationale. Ensuite, ce sera facile de surfer sur le buzz pour lui obtenir des contrats avec de grandes marques. Il peut défiler ?

– Si on lui tient la main.

– On se contentera des photos.

Il m'a félicité pour ma réactivité à négocier une exclusivité avec *Paris Match*. Je me sentais bien avec lui, on parlait la même langue.

– Je vais te faire rencontrer Manolo Panci.

– Qui est-ce ?

– La star des photographes de mode. On prépare en ce moment une série de photos de Benedetta Triggiani.

La température de mon corps est montée en flèche : Benedetta Triggiani... *La* Triggiani. La plus belle femme du monde. Le sex-symbol incontesté de ce début de siècle. Vernier a noté mon trouble et a souri.

– Elle n'a pas tourné de film depuis un an et demi. On ne la montrait plus depuis la naissance de son fils.

Il s'est penché vers moi pour que personne n'entende.

– Elle a eu du mal à perdre ses kilos… Elle a besoin d'un petit coup de frais pour revenir au top. Comme elle n'a pas d'actu, David sera parfait.

– Tu crois qu'elle va accepter ?

– Elle n'est plus vraiment en mesure de décider. Par contre, il faudra convaincre Manolo, il est un peu caractériel. Le mieux, c'est d'organiser une rencontre. Tu fais quoi samedi ?

Vernier m'a invité chez lui. Il y organisait une soirée privée pour fêter le retour de la Triggiani sur le devant de la scène, je n'avais qu'à me pointer avec l'autiste et on discuterait sur place.

Il a payé l'addition et on est sortis.

Sur le chemin de la maison, je repensais à ces dernières semaines et à ce qu'elles avaient bouleversé dans ma vie. J'avais de quoi me sentir fier de moi. J'étais submergé par des vagues d'autosatisfaction qui me faisaient couiner chaque fois que je m'arrêtais à un feu rouge. Elle était là, ma revanche sur la vie, assise à côté de moi, muette. Pour la première fois, j'ai regretté qu'il soit autiste. J'avais envie de partager mon euphorie avec quelqu'un, mais tout ce dont il était capable, c'était l'indifférence la plus totale. Ça m'a foutu en rogne.

– Oh ! Couillon ! ai-je crié juste après m'être garé rue Blanche. Cache ta joie, bordel !

Je me suis penché vers lui et je lui ai attrapé la mâchoire d'une main pour le forcer à me regarder.

– Je vais faire de toi une star, ça mérite un p'tit merci, non ?

Pour seule réponse, son regard vague qui passait au-dessus de ma tête. J'étais invisible, comme d'hab.

J'ai lâché son menton en poussant un grognement et, je ne sais pas pourquoi, j'ai pensé à mon père. Je me suis demandé s'il pouvait me voir de là-haut, de sa basse-cour céleste. Et puis j'ai eu la certitude étrange que s'il pouvait me voir, il choisirait de regarder ailleurs. Ça a fini de me gâcher le moment. J'ai une nouvelle fois regardé l'autiste, assis à côté de moi dans la voiture, et j'ai ressenti un vide gigantesque qui a entièrement aspiré mon exultation.

Je n'ai pas compris.

11.

Jour de gloire, 9 heures du matin.

Hélène s'était levée depuis longtemps et continuait à faire les cartons en écrivant soigneusement leur contenu sur le dessus. J'aurais préféré ne rien garder, tout racheter en neuf, en mieux, mais allez faire comprendre ça à une sentimentale. L'autiste – oh, surprise ! – regardait par la fenêtre. J'ai enfilé un short et une chemisette et j'ai tracé chez le marchand de journaux.

Je m'attendais à ce qu'on me reconnaisse dans la rue. Je soutenais le regard des passants en guettant un signe d'émerveillement, mais rien. Toujours anonyme. Je me suis réconforté en me disant que le papier venait de paraître et qu'il faudrait attendre un peu avant qu'il ne soit lu.

J'ai tout de suite remarqué la pile de *Paris Match* devant la caisse et j'ai souri en voyant la tête de l'autiste en couverture, un peu déçu quand même qu'ils n'aient pas choisi de m'y mettre avec lui. Avant d'en prendre un exemplaire, j'ai feuilleté un *Voici*. Mon petit roman-photo commençait en première page, avec le cliché devant le Crillon. Jouissif. Je l'ai reposé avec émotion, mais je ne l'ai pas acheté. Je n'étais pas censé être au courant, Hélène aurait trouvé ça louche.

J'ai acheté trois exemplaires du *Paris Match* et j'ai foncé à l'appartement pour les savourer tranquillement.

Hélène était assise au milieu du salon en train d'emballer des verres dans du papier journal. J'ai brandi le magazine.

– Notre fiston est une vedette !

Elle s'est contentée de sourire en secouant la tête. Un sourire qui semblait vouloir dire : « Tu es incorrigible. »

Je me suis servi un café et je me suis installé à la cuisine en admirant mon œuvre.

L'autiste était sublimé, encore plus beau que sur les photos que j'avais prises à Sainte-Anne. La couverture titrait sobrement : *Ma matinée avec David.* J'ai tourné les pages nerveusement jusqu'à ce que je trouve l'article, qui commençait par une photo en double page. Il se tenait devant la fenêtre de la suite, baigné de lumière. J'ai tourné les pages suivantes, la gorge serrée, et j'ai réalisé l'horreur : aucune photo de moi. Juste l'autiste. Assis, debout, en gros plan, de profil, mais seul.

– C'est pas vrai !

C'était sorti de ma bouche comme un cri. Je suis revenu en arrière et j'ai parcouru l'article.

Hélène m'a rejoint. Elle avait l'air inquiète.

– Qu'est-ce qui se passe ?

Je n'ai pas pu lui répondre. Je me contentais de répéter « C'est pas vrai ! » comme un disque rayé.

Cette salope d'Anne Rimbaut se racontait sur tout l'article. Elle confiait aux lecteurs son émotion, son privilège, son trouble. Elle délirait tout le long d'une colonne d'un ton énamouré sur l'autiste, *sa présence magnétique, son charisme mystique. Un ange tombé du ciel, touché par la grâce.*

Elle brodait ensuite sur son séjour à l'hôpital, son innocence touchante face à la polémique qui avait suivi l'appel à témoins. Elle s'en excusait même au nom de toutes les femmes de France : *comment ne pas perdre la tête ?* Elle terminait par un paragraphe sucré sur Hélène P., l'infirmière dévouée qui préférait, *on la comprend*, garder l'anonymat.

Elle soulignait au passage la chance qu'elle avait de se réveiller chaque matin auprès d'un tel chef-d'œuvre du genre humain.

Elle concluait bêtement : *Nous ne saurons peut-être jamais d'où il vient, mais qu'importe le passé, quand on touche au sublime, l'instant présent se suffit à lui-même.*

Mais quelle conne !

Hélène s'était assise en face de moi et parcourait l'article. J'ai soufflé avec haine et j'ai balancé le torchon loin de moi sur la table.

– Qu'est-ce qui se passe, Gontran ? Ça m'a l'air pas mal, non ? Les photos sont vraiment très belles.

– Tu ne remarques rien ?!

Elle a fait la moue. J'étais tellement en colère que je ne calculais même plus à qui je m'adressais.

J'ai dérapé.

– Aucune photo de moi ! Ils ne mentionnent même pas mon nom, ces connards !

Elle m'a regardé d'un œil sombre en fronçant les sourcils, comme si elle se demandait si elle avait bien entendu. Je venais de réaliser que j'étais allé trop loin, mais j'avais beau réfléchir, je ne savais pas quoi ajouter. Elle m'a laissé flotter dans mon bain de solitude avant de dire simplement, dans un murmure :

– Je ne te comprends pas, Gontran.

Je perdais pied. Il fallait que j'improvise, vite.

– C'est vrai, quoi ! Tout ce tralala de maquillage et de pauses pour finalement choisir de ne pas publier de photos de moi, quelle perte de temps !

Elle n'était pas convaincue. Je voyais son expression se voiler de tristesse.

– J'avais rien demandé, moi, à la base, c'est vrai, bébé. Et puis, au final, je m'étais persuadé que ce serait bien pour ma carrière. Tu sais comment sont les gens : ça ouvre toutes les portes, d'être connu.

Elle demeurait muette.

– Je suis déçu, c'est tout.

Je ne trouvais plus rien à dire. Et vu la déception sur son visage, j'avais intérêt à en rester là.

Elle a finalement baissé la tête. Je la sentais réfléchir, peser ses mots. Toujours ce souci de ne pas blesser.

– Je ne sais pas si nous sommes assez… solides.

J'ai consulté mentalement mon petit manuel de traduction. Qu'est-ce que ça pouvait bien vouloir dire, *solide*, en langage hélènien ?

Comme si elle pouvait lire dans mes pensées, elle a développé :

– Je m'inquiète pour nous, Gontran. Pour toi surtout. Tout est allé si vite, le mariage, David, le déménagement. Je ne sais pas si on agit au mieux.

– Bébé… bien sûr qu'on *agit au mieux*. Tout se passe comme on le voulait, non ? Vernier va prendre les choses en main, on est sur un gros coup. On va l'avoir, notre belle vie. Fais-moi confiance.

J'étais à côté de la plaque. Elle a précisé :

– Je ne sais pas si on agit au mieux pour David.

Retour à la case départ. C'est qu'elle commençait à m'emmerder avec son David. Elle ne pouvait pas juste se satisfaire de ce que je lui offrais ? On allait enfin vivre la grande vie, avoir plein de pognon, et tout ça sans qu'elle ait besoin de lever le petit doigt. Et Mme se faisait du souci pour l'autre débile. Est-ce qu'on se fait du souci pour un légume ? Un légume, on ne lui demande pas à quelle sauce on peut le manger, on le bouffe, et puis c'est tout.

J'ai pris mon mal en patience et je lui ai rechanté ma sérénade.

Elle a gardé son air triste et elle est partie enfiler ses baskets.

– Je vais aller courir un peu.

C'est ça, va donc expier tes angoisses.

– OK, bébé, je continue les cartons. À tout à l'heure.

Ingrate.

J'ai relu encore une fois l'article de *Paris Match*. Je sentais la colère monter en moi, essayer de prendre les manettes. Valait mieux pour elle que je ne recroise jamais Anne Rimbaut : ce ne serait sûrement pas la bise que je lui claquerais.

J'avais besoin de m'en prendre à quelqu'un. Je me suis levé brusquement et j'ai traversé le salon en zigzaguant entre les cartons. J'ai tiré l'autiste en arrière et j'ai agité la couverture devant son nez.

– Tu fais la une, regarde ! Ça te plaît pas de faire la une ? Hein ? Réponds !

Il regardait au-dessus de moi, impassible. Beau. La colère a fini de prendre le contrôle. J'ai vu mes mains rouler le magazine et je l'ai frappé au visage. Un petit coup sec, une gifle sadique que je n'avais pas vraiment vue venir moi-même. Sa tête est partie sur le côté sans que son corps bouge. Quand elle est revenue dans l'axe, ses yeux se sont posés sur moi. Juste ses iris. Un regard pénétrant, conscient. J'ai ouvert la bouche pour crier, mais je n'avais plus d'air, alors j'ai reculé. J'ai trébuché sur un carton et je suis tombé en arrière. Ma tête a cogné contre le meuble télé. Le cri est sorti.

Je tremblais de tout mon corps en me relevant. Il y avait comme un bruit sourd qui résonnait dans ma tête et ma vision était trouble. J'avais l'impression que l'autiste continuait de me regarder, mais quand tout est redevenu plus net, son regard était de nouveau dans le vide. Pourtant, cette fois, je n'avais pas rêvé, l'autiste pouvait me voir.

J'étais tétanisé.

Quand Hélène est rentrée de son jogging, elle m'a trouvé dans les cartons. La peur m'avait étrangement rendu très calme. Nous avons passé le reste de la journée à préparer le déménagement en silence.

Le soir venu, je lui ai demandé s'il était possible que David soit conscient de ce qui se passait autour de lui. Elle m'a répondu qu'en effet, c'était possible, des *moments de lucidité*, même si elle ne l'avait elle-même jamais constaté. Je l'ai alors interrogée sur l'autisme, les états de choc, je voulais tout savoir. Elle a interprété ça comme une préoccupation généreuse de ma part et elle a peu à peu retrouvé le sourire.

Il m'a fallu deux jours entiers pour retrouver le mien. J'ai mis tout ce temps à m'enhardir à retoucher l'autiste.

Après que les déménageurs eurent posé le dernier carton et que j'eus refermé la porte de notre nouvel appartement, un sentiment de réussite a balayé ma dernière trace d'angoisse. On était samedi. Dans quelques heures seulement, j'allais me rendre chez Vernier, j'allais rencontrer la Triggiani, j'allais faire mon entrée dans le grand monde, celui des gens qui *comptent*. Cette perspective m'a gonflé d'orgueil, et comme par magie, l'autiste a repris à mes yeux ses allures de pantin.

12.

Lucas Vernier habitait dans la rue du Temple, à une centaine de mètres de notre nouvelle maison, ce qui me confirmait que j'avais choisi le bon quartier. J'avais d'abord pensé apporter une bouteille de champagne et puis je me suis ravisé. J'arrivais flanqué de l'autiste, ça devait suffire comme attention.

J'ai traversé la cour dans la lueur qui émanait des fenêtres du troisième étage en essayant de deviner la Triggiani dans les silhouettes qui s'y découpaient en ombres chinoises. Plus tard, sur le palier, j'ai été accueilli par un air de samba en sortant de l'ascenseur. J'ai dû sonner plusieurs fois avant qu'on vienne m'ouvrir.

– *Bona noite ! Tudo bem ?*

J'ai regardé la créature qui m'était apparue sans pouvoir cacher ma stupeur : une jument recouverte de strass et de plumes perchée sur des chaussures à plate-forme qu'on aurait dit faites d'émeraudes. La maigreur de son visage anguleux était accentuée par une plume d'autruche qui paraissait lui sortir du haut du crâne.

– Je suis bien chez Lucas Vernier ?

– Mieux que ça, *darling*, tu es à Copacabana !

Elle m'a pris par la main et m'a tiré à l'intérieur d'un coup sec. J'ai trébuché dans l'entrée sous le regard amusé d'un petit groupe de culturistes en débardeur.

– *And you!* s'est-elle écriée.

Je me suis retourné pour la voir pointer l'autiste du doigt.

– *Where have you been all my life?*

Elle s'est enroulée autour de lui comme une liane.

– Gontran!

Vernier, sorti de nulle part, s'est approché de moi, un cocktail à la main. Il avait l'air surexcité, les traits tendus. Il m'a claqué la bise.

– Je vois que tu as déjà fait la connaissance de Lulu Mae.

Alors qu'il prononçait son nom, celle-ci a traversé le couloir, toujours accrochée à l'autiste, et nous a envoyé un baiser de la main avant de s'engouffrer dans un salon sur la gauche. J'ai fait un geste pour les suivre, mais à son tour, Vernier m'a attrapé le bras.

– Je crois que David vient de se faire une nouvelle amie.

Il a dû remarquer mon air ahuri et s'est empressé de préciser:

– Elle a fait très sobre, ce soir… Imagine!

Les culturistes en débardeur se sont esclaffés dans des gloussements de petites filles.

Où est-ce que j'étais tombé?

Ignorant ma réticence à laisser l'autiste disparaître de ma vue, Vernier m'a entraîné dans le salon de droite vers un bar à cocktails et m'a servi, sans me demander mon avis, un verre de caïpirinha gorgé de citron vert.

– Lulu Mae est arrivée ce matin de Rio avec dans ses valises de quoi saouler la moitié de Paris. D'où le thème de la soirée, a-t-il dit en me le tendant.

J'ai bu une gorgée du cocktail. Ça m'a brûlé l'œsophage. J'ai reposé discrètement le tord-boyaux sur la table. À lire l'ivresse sur les visages des grappes de convives autour de moi, ce truc était un vrai poison. Je n'avais pas envie de perdre le contrôle, je me sentais mal à l'aise. J'ai pris une clope pour me donner une contenance. Une femme visiblement saoule couvrait rythmiquement la musique de rires gras. Je jetais nerveusement des coups d'œil vers le couloir, anxieux d'avoir perdu l'autiste.

Vernier me parlait à l'oreille. Des phrases saccadées dont le sens m'échappait. J'avais l'impression que le temps était accéléré.

– Je vais te présenter à Manolo, a-t-il fini par dire.

C'était le signal que j'attendais, j'ai suivi Vernier d'un pas empressé.

La Triggianni tenait toutes ses promesses. Le deuxième salon avait beau être rempli d'invités vautrés sur un parterre de fauteuils, de canapés et de poufs, on ne voyait qu'elle, comme si un projecteur invisible l'éclairait en permanence. Sa peau semblait phosphorescente. Comme envoûté, j'ai suivi Vernier jusqu'à elle. J'avais de nouveau dix ans.

Il y avait, assis à côté d'elle sur le canapé, un petit chauve maigrichon, avec juste assez d'espace entre son grand pif et sa lèvre pour y accueillir une moustache ridicule. Il portait une chemise à jabot grande ouverte avec vue sur poils et parlait en faisant de grands gestes énervés. À côté d'eux, les seuls debout dans le salon, l'autiste ne faisait pas cas de la jument qui agitait pour lui ses plumes, les bras en l'air, dans des pas de samba répétitifs.

– Je vous présente Gontran Prouteau. Gontran : Benedetta et Manolo Panci.

Le photographe a paru très agacé d'être interrompu et m'a serré la main sèchement. Je me suis penché sur la Triggiani dans une révérence maladroite, elle m'a tendu la main en souriant.

Il m'a semblé entendre des accords d'orgue et des chants d'anges, un moment de grâce immédiatement gâché quand je me suis aperçu que ma main était moite. Je suis ensuite resté transi sans pouvoir dire un mot.

Vernier s'est accroupi devant eux. Il a pointé l'autiste du doigt.

– Alors, est-ce qu'il n'est pas parfait ?

La Triggiani s'est penchée en avant.

– Il est *vraiment très beau.*

J'étais hypnotisé. Je ne voyais plus que sa bouche, ses lèvres charnues. Cette façon qu'elle avait de rouler les R. Une caresse sexuelle télépathique. Une déesse. Une déesse qui trouvait mon autiste vraiment très beau.

– *Ouffa* ! Ma qu'est-ce qué tou racontes !

Le rital a fait comme s'il chassait une mouche de la main et s'est renfoncé dans le canapé, les bras croisés. On aurait dit qu'il boudait.

Vernier ne paraissait pas décontenancé.

– Attends, il est magnifique ! Tu l'as dit toi-même quand je t'ai montré *Paris Match.*

– Et alors !? « Magnifique », ça né vé rien dire… Ton vase, là, il est magnifique, non ? C'est pas pour ça que jé vé lé prendre en photo. Jé né photographie pas les potiches, moi. Ton type, là, c'est oune potiche !

Comme pour lui donner raison, la jument s'est retournée et s'est frotté le derrière contre le sexe de l'autiste dans un pas saccadé. Il est resté imperturbable.

– *Ecco !* Benedetta, cé la *vita* ! Moi, jé né photographie pas la *natura morta* !

– Tu te trompes, Manolo, je t'assure. David est l'homme le plus en vue de France en ce moment. Tout le monde se passionne pour lui. Si on l'associe à Benedetta, ça fera un gros coup de pub.

– *Basta cosi !* Moi, jé fé dé l'art, pas dou mercantile !

Il s'est tourné vers la Triggiani et s'est mis à lui parler en italien.

Vernier s'est relevé et m'a souri. Un sourire qui semblait dire : « Tout va bien. »

J'ai regretté d'avoir laissé mon verre au bar.

Après avoir échangé quelques phrases avec son hystérique de photographe, la Triggiani s'est levée en donnant la main à Vernier.

– Merci pour la soirée, Lucas.

– Tu t'en vas déjà ?

– Oui, je suis un peu fatiguée. Et je ne veux pas laisser mon fils trop longtemps sans le voir. Tu sais ce que c'est, une *mama* italienne…

J'ai eu une vision de la Triggiani en train de changer les couches de son mouflet. J'ai préféré chasser l'image et me concentrer sur sa croupe pendant qu'elle se penchait pour embrasser Panci.

– *Ciao topino mio ! Ci vediamo domani* !

Elle a embrassé Vernier.

– Encore merci, Lucas.

– Je te raccompagne.

Elle m'a souri en passant devant moi. Je n'ai pas voulu lui infliger une nouvelle fois la moiteur de ma main.

Je suis resté planté devant le canapé. Je n'osais pas parler à Panci. Je n'osais plus bouger. Quelqu'un a monté le son sur l'hymne de la Coupe du monde. Plusieurs personnes se sont levées pour aller danser à côté. Je me suis senti solidaire de l'autiste pour la première fois.

Un des culturistes a débarqué avec deux verres de caïpirinha et s'est affalé à côté du photographe. Il lui a tendu l'un des cocktails et l'a galoché.

J'ai réalisé qu'Hélène me manquait.

Je n'avais toujours pas bougé quand Vernier est revenu parmi nous. Le petit copain du photographe était reparti comme il était venu, sans me voir. Le rital sirotait son verre en s'évertuant à éviter mon regard. Vernier m'a pris à part.

– Ne fais pas cette tête-là, Gontran.

– Ben, c'est plutôt loupé, non ?

Vernier a ri.

– Dans ce métier, si tu t'arrêtes dès que quelqu'un te dit non, tu n'iras pas loin. Suis-moi, j'ai quelque chose qui va te redonner le sourire.

La jument s'était assise à côté du rital en tirant l'autiste avec elle. J'ai suivi Vernier.

Nous avons traversé le deuxième salon où de nombreux invités dansaient, et nous avons pris le couloir en zigzaguant entre les gens. Vernier a poussé une première porte pour découvrir la femme au rire gras, agenouillée devant la cuvette des chiottes, qui se débarrassait de son trop-plein de cachaça dans de grands bruits caverneux. Il a haussé les épaules, l'air amusé, et m'a conduit vers une autre porte.

Sa chambre était déserte. J'ai eu un mouvement de panique quand il nous a enfermés à clef. Le lit à baldaquin semblait tout à coup menaçant. Heureusement, il s'est directement assis à son bureau et a sorti une petite boîte de sa poche.

– Je t'avais prévenu que Manolo était caractériel. Mais c'est un génie de la mise en scène et il le sait trop bien.

Il a fait un petit tas de poudre blanche à même la table et a sorti sa carte de crédit. Une Platinum.

– Il n'est pas bête, il a très bien compris l'intérêt d'utiliser David.

– Euh, c'est pas vraiment ce qu'il a dit.

– T'inquiète pas, je le connais bien, il veut juste que l'idée vienne de lui, question d'ego.

Il a sorti une paille en argent qu'il s'est collé dans une narine, s'est bouché l'autre avec son index et a aspiré d'un trait l'une des deux lignes blanches qu'il avait dessinées. Il m'a ensuite tendu la paille. J'ai hésité un court instant, mais au point où j'en étais, rien ne pouvait empirer la situation. J'ai imité son geste. J'ai dû m'y reprendre à deux fois mais j'y suis arrivé. Quelqu'un a frappé à la porte. C'était le rital. Vernier l'a fait entrer en refermant la porte à clef derrière lui.

– *Allora*, tou mé laisse tout seul ?

– Arrête de faire ta mégère. Viens plutôt te faire une trace, elle est excellente.

Le rital s'est exécuté pendant que j'essayais d'oublier le goût amer qui me coulait dans la gorge.

Le temps de ressortir de la chambre et de m'assurer que mes dents ne tombaient pas, de comprendre que mes gencives étaient juste anesthésiées, j'avais pris de l'assurance. Les battements de mon cœur s'accéléraient au rythme de la musique, je me sentais conquérant.

On s'est arrêtés au bar pour se servir un cocktail que j'ai cette fois-ci accepté volontiers. L'intimidation que j'avais ressentie depuis mon arrivée s'envolait. J'ai souri en apercevant la femme au rire gras assise seule dans un coin, la tête penchée en arrière, endormie bouche entrouverte. Tout me semblait soudain plus sympathique, plus accessible. Je me suis mis à bouger au rythme de la samba en me foutant totalement d'être grotesque, comme je me foutais des trente-trois tours sous mes bras qui prenaient peu à peu la place des auréoles.

Très vite, ma mâchoire s'est crispée. Parler m'est apparu comme la seule chose qui pourrait la soulager. Je me suis joint à la conversation de Vernier et du rital comme si nous étions les meilleurs amis du monde. Aucun de nous n'écoutait vraiment l'autre, nous parlions, c'était l'essentiel.

J'avais le sourire quand on est retournés au salon, un sourire certes contracté par la force des choses, en l'occurrence les muscles de mes joues, mais le cœur y était.

La jument était toujours assise sur le canapé. Elle avait allongé l'autiste sur elle et claquait des doigts, les yeux fermés, dans une espèce de transe. Le rital a étendu les bras de chaque côté pour nous stopper net.

– *Ma*, bien sour !...

On s'est regardés avec Vernier. Il m'a fait un clin d'œil.

– Jé souis oun génie !

Il s'est tourné vers nous.

– Jé vais récréer la *Pietà* ! Benedetta séra la *Madonna* et ton type, là, séra lé Christ !... *Porca putana, sono fabuloso !*

Vernier m'a tapé dans la main.

Il ne restait plus que moi, l'autiste, Vernier et la jument. J'avais l'impression que je n'aurais plus jamais sommeil. L'autiste s'était endormi depuis longtemps sur un des canapés, Vernier ramassait les verres éparpillés, j'étais en grande conversation avec ma nouvelle meilleure amie.

Lulu Mae était laide, mais elle avait de l'argent et le sens de la dérision. Elle m'a raconté en détail son enfance de pauvre petite fille riche, d'unique héritière d'un magnat de la finance australien qui s'excusait à coup de millions de dollars de lui avoir transmis ce physique ingrat. Pas besoin d'être Freud pour deviner sa solitude derrière l'étalage de ses aventures de jet-setteuse. Elle chassait son ennui aux quatre coins du monde, de cocktails en cocktails, et l'excentricité de ses tenues était proportionnelle à son besoin d'attirer l'attention sur elle, une attention qu'elle suspectait toujours d'être tournée vers ses millions.

Je lui ai longuement parlé à mon tour de la seule chose intéressante qui me soit arrivée dans ma vie : l'autiste. Elle semblait fascinée.

– Je te propose un deal.

– Dis-moi.

– Donne-moi son sperme.

J'ai éclaté de rire.

– Non, je suis *serious, I want a kid*, je veux un enfant.

– Trouve-toi un mec, c'est pas ce qui manque.

– *Sweetie, let me explain*, laisse-moi t'expliquer quelque chose : le mec qui va, comment vous dites ?… *me grosser* ? Eh bien, jamais je ne serai sûre de ses intentions. Même avec un bon contrat, dès qu'il y a un *kid*, c'est le bordel. Mon père en a fait les frais. Et puis avec mon physique, si je dis que j'ai pas d'argent, je me tape que les moches. Je veux un *breeder*, un… donneur de sperme.

Elle a regardé l'autiste.

– C'est lui qu'il me faut… Il est un canon et il ne parle pas. Je suis sûre qu'il me réclamera jamais de l'argent. *He's perfect !* En plus, c'est le bon moment : je veux mes seins refaits et le chirurgien dit que c'est mieux de le faire après le *pregnancy*… le grossesse.

J'ai dû lui paraître interloqué, elle a ajouté :

– L'argent n'est pas *a problem*, dis-moi ton prix.

J'avais du mal à la prendre au sérieux. Je lui ai dit le premier chiffre qui me passait par la tête, pour la tester.

– Cent mille euros ?

– *Deal !*

13.

Presque tous les passants s'arrêtaient devant les kiosques à journaux. Il faut dire que Manolo Panci avait vu juste : les photos de la Triggiani et de l'autiste ne pouvaient pas laisser indifférent, je devais reconnaître qu'il avait du génie.

Sa version de la *Pietà* était décadente, sulfureuse et sexy. La Triggiani, en Vierge baroque au décolleté plongeant, n'avait jamais paru si désirable. Il avait su capter d'elle un regard à la fois maternel et gourmand, et l'autiste transpirait le sexe et l'abandon de soi, tout en préservant cette aura de pureté écœurante qu'il affichait sans cesse.

Et pourtant les avis avaient été très partagés au sein du comité de rédaction de *Elle* : certains pensaient que c'était, je cite, *too much* de montrer les poils pubiens qui dépassaient de l'étoffe posée sur les cuisses du Christ. Panci avait refusé tout compromis : son œuvre abordait le trouble, le désir et l'inceste, il n'accepterait aucune censure. « *Basta !* Lé poils restent ! » avait-il conclu à la suite d'une colère mémorable. Je préférais personnellement la série de la crucifixion : la Triggiani dans son fourreau Dior, soumise et implorante au pied de la croix dorée, et l'autiste, mon autiste, offert les bras écartés comme une friandise, apparaissait tel un pur joyau. J'en avais les larmes aux yeux.

Au final, les ventes avaient explosé.

Elles dépassaient de loin le record du numéro référence de Laetitia Casta. Tout le monde s'en félicitait, s'accordait du mérite, y compris ceux qui s'étaient d'abord montrés réticents.

Le groupe avait décidé d'en faire sa couverture dans le monde entier, le planning de roulement était validé : l'autiste était en passe de devenir un mythe international.

Plusieurs associations de culs bénis s'étaient élevées et protestaient devant le siège du magazine. Ce n'était rien par rapport à l'Italie, où la polémique s'étendait jusqu'au Vatican qui avait émis un communiqué de presse criant au sacrilège avant même que les photos aient paru localement. Le groupe *Elle* prévoyait d'ailleurs de sortir dans la foulée son numéro là-bas, histoire de surfer sur le tsunami médiatique. Un meilleur *taux de pénétration*, disaient-ils. Approprié.

En France, les médias suivaient également le scandale de près. J'enchaînais les interviews dans la presse, et les chaînes de télé retransmettaient les témoignages de bourgeoises offusquées, prises, au hasard bien sûr, à la sortie de la messe. Un institut de sondage avait même été sollicité par TF1 pour l'occasion : soixante-huit pour cent de la population ne s'estimait pas choqué, douze pour cent n'en avait rien à battre. Esseulées, les associations redoublaient de rage. Buzz, buzz, buzz.

Le monde de la mode, ravi de sortir de sa léthargie, se montrait solidaire du magazine. La plupart des intellectuels montaient au créneau en dénonçant les dérives de l'image et l'exploitation outrageuse du sacré par les médias à des fins mercantiles. Des théories ressurgissaient sur le recul des religions au profit d'une nouvelle quête de l'absolu : la notoriété. Les médias rétorquaient du tac au tac que ces mêmes intellectuels se servaient de la polémique pour sortir de l'ombre et se faire des coups de pub. Bref, tout le monde en tirait un profit, crachait son venin, mais je restais le grand gagnant de l'histoire. Mon petit business parallèle avec *Voici*, *Gala* et les autres torchons se montrait florissant, à tel point que je commençais moi-même à être traqué par des paparazzi.

Ma notoriété était faite dans le milieu parisien. J'étais tantôt le pervers qui profitait d'un innocent, tantôt le visionnaire qui avait tout compris. Même si, évidemment, je me sentais parfois blessé dans mon amour-propre, je me félicitais d'exister, point barre. En plus, j'avais l'opinion publique avec moi : personne ne pouvait contester sans passer pour un hypocrite que l'autiste, qu'il le veuille ou non, avait une chance inouïe d'être le point de mire du pays : qui ne l'aurait pas souhaité pour lui-même ? L'empathie était totale.

Cerise sur le gâteau, Vernier avait immédiatement décroché un contrat avec G&D pour que l'autiste incarne leur prochain parfum, *Deus*. Le lancement mondial était prévu pour dans deux mois. J'avais assisté à la présentation finale de l'agence de pub au directeur marketing de la marque. Une bande de *oufs* qui parlaient entre eux avec des expressions bizarres : *mémorisation de l'impact, pré-tests quali*, ou *top of mind*, et toujours le fameux *taux de pénétration* qui me faisait marrer à chaque fois. En tout cas, tout le monde affichait un enthousiasme souvent proche du ridicule.

J'avais vu la maquette, ils n'y étaient pas allés de main morte : un coucher de soleil nuageux, bleu, blanc, rose, sur une mer d'huile étincelante caressant le sable. Le montage donnait l'illusion de l'autiste marchant sur l'eau, sa nudité à peine masquée par le halo de lumière qui l'enveloppait. Il tendait le bras gracieusement en offrant au monde un flacon qui brillait lui aussi. En bas à droite, apparaissait sobrement : *Deus, le nouveau parfum pour homme de G&D.*

Mais ce n'était pas le plus beau : un cachet d'un million d'euros engageait l'autiste sur deux ans pour le parfum et la ligne cosmétique pour homme qu'ils s'apprêtaient à lancer. La campagne lui promettait d'atteindre presque tous les foyers du monde. Ma tête enflait comme une baudruche.

Hélène était la seule ombre au tableau. Je la sentais se refermer sur elle-même comme une huître. Elle passait beaucoup de temps à nettoyer l'appartement et s'asseyait de plus en plus souvent à côté de l'autiste, sur la méridienne qu'elle avait installée devant les fenêtres du salon. Elle passait des heures à faire comme lui : rien.

J'étais de plus en plus absent de la maison. Vernier m'avait filé le numéro de son dealer, que j'appelais tous les deux ou trois jours : avec la coke, je n'avais pratiquement plus envie de dormir. Je n'avais plus besoin de personne pour pénétrer dans les lieux branchés de Paris, et Vernier connaissait tous les bons plans de la capitale. On faisait attention à moi. On m'approchait comme un objet de curiosité, mais on m'approchait. J'étais shooté à l'importance d'être moi-même et je frôlais souvent l'overdose. Je me reconnaissais dans tous ces visages VIP qui m'entouraient, *les fabuleux*, comme on se trompait à le croire, et j'étais à mille lieues de me rendre compte que c'était un grand vide que nous avions tous en commun.

ADAM BROWN

Quelqu'un allume les projecteurs disposés aux quatre coins du hangar et un puissant jet de lumière vient frapper la croix gigantesque qui se dresse au milieu.

L'éblouissement fait place à la nausée. Jamais il n'a vu une telle quantité d'or.

Il sent son cœur se serrer comme si une main invisible l'empoignait de l'intérieur et le forçait à résonner jusque dans ses tempes. Pendant un court instant, il pense que ses jambes ne tiendront pas et qu'il va s'écrouler.

Le petit homme à la moustache de l'autre soir est là, il s'approche d'eux en gesticulant en direction du centre où s'affaire un groupe de techniciens. La femme brune à la peau laiteuse et aux formes qui lui rappellent la maternité est là, elle aussi, assise dans un coin.

Il cesse de faire attention à eux et regarde encore longuement, abasourdi, la croix en or haute comme deux hommes.

Il ne se doute pas un seul instant qu'il puisse seulement s'agir d'un artifice fait de bois et de peinture dorée. D'ailleurs, comment pourrait-il s'en douter ? Si on pouvait imiter l'or, pourquoi continuer à l'extraire ? Si on pouvait imiter l'or, les chantiers des orpailleurs n'auraient plus de raison d'être, cela n'aurait aucun sens.

Non, l'idée d'un artifice est tout bonnement inconcevable. Ce qu'il voit devant lui, cette monstrueuse quantité d'or érigée comme un totem, ne peut être que réelle, et c'est pour cette raison qu'elle lui paraît insoutenable.

Il préfère une fois encore s'échapper de ce monde et s'enfuir dans ses rêveries, rejoindre les siens. Les yeux ouverts, il laisse son esprit vagabonder le long des rives du souvenir, et le chemin balisé par ce qu'il vient de voir le conduit jusqu'au jour de sa première rencontre avec les chercheurs d'or.

Liriwë s'approche de son hamac et lui assène deux petits coups secs sur le front du bout de l'index. Une douleur vive dans le dos comme la morsure de centaines d'épines est là pour accueillir sa conscience dès qu'il ouvre les yeux, mais la surprise de voir le visage de Liriwë si près du sien prend le dessus.

Il jette un regard circulaire autour du shabono et s'étonne que tout le monde dorme encore. Juste à côté du sien, le hamac de sa mère, pareil à un énorme cocon de chenille, indique par son renflement qu'elle aussi dort profondément.

Il regarde de nouveau Liriwë. Les prémices de l'aube teintent son visage d'un bleu spectral, seuls ses yeux déterminés et conquérants font fi de l'obscurité et semblent briller de leur propre lumière.

– Lève-toi, murmure-t-il, je vais te montrer les mangeurs de terre.

Ce sont les seuls mots qu'il prononcera jusqu'à leur départ, mais Adam n'a guère besoin d'en savoir plus pour se décider. Contre toute attente, Liriwë a accepté de le prendre sous son aile, il va enfin s'aventurer hors du périmètre de la communauté, il va enfin voir de ses propres yeux les mangeurs de terre.

L'acrobatie qu'il doit entreprendre pour descendre de son hamac sans faire de bruit ravive les blessures dans son dos. Il pose un premier pied par terre et doit étouffer un cri quand il se laisse glisser. En dépit des soins attentifs que lui a prodigués Kopewana depuis trois jours, sa chair n'a pas encore complètement cicatrisé.

Dès qu'il est debout, ses jambes se mettent à trembler légèrement. Il juge malgré tout que son état est suffisamment vaillant pour suivre Liriwë sans être un poids. Pour s'en persuader, il se touche le front. Oui, la fièvre a enfin quitté son corps.

Ils sortent du shabono sans faire de bruit, et Adam lève les yeux vers le ciel arrondi dessiné par la clairière. Quelques étoiles et un mince sourire de lune résistent encore au jour naissant, mais la nuit reprend ses droits dès qu'ils s'enfoncent dans la forêt.

Ils avancent lentement jusqu'à la mare, au point où la rivière dégringole en cascade, aux limites mêmes du territoire qu'Adam et les autres enfants s'aventurent à parcourir, à l'endroit précis où, trois jours auparavant, le jaguar l'a attaqué.

Liriwë le précède sans un mot dans l'escalade des rochers jusqu'au plateau surplombant la mare ovoïdale. Affaibli, Adam doit s'y reprendre à deux fois. Sa première tentative se solde par une perte d'équilibre à mi-hauteur, qui le plonge avec grand bruit dans l'eau froide et sombre.

Quand il refait surface, Liriwë l'observe d'un œil inquiet du haut de la chute d'eau. Adam craint qu'il ne change d'avis, s'applique de toutes ses forces à réussir sa deuxième ascension sans fléchir et se redresse sur le rocher culminant au moment même où le jour achève le crépuscule.

Liriwë s'approche alors de lui, le fait pivoter en le tirant brusquement par le bras, observe ses blessures et pousse un grognement qui peut tout aussi bien exprimer un regret ou un doute.

Adam fait volte-face et plante ses yeux dans ceux de Liriwë. Même s'il n'est encore qu'un enfant, Adam le dépasse déjà de quelques centimètres.

– Je vais bien ! On peut continuer, lui assure-t-il.

Et il ne ment qu'à moitié : le bain glacé a fait taire sa douleur.

Liriwë le scrute un long moment avant d'aller s'asseoir un peu plus loin sur la berge. Il retire d'un geste empressé la calebasse qu'il porte en bandoulière et en sort des galettes de manioc et des beignets de banane plantain.

– Prends des forces ! ordonne-t-il.

Et il les lui tend.

Adam s'exécute avec empressement. Pendant qu'il mange avec avidité, il observe le profil volontaire de Liriwë et digère avec fierté le changement brusque dans son rapport avec lui depuis quelques jours, depuis l'attaque du jaguar.

Au loin, un singe hurleur entame la première note de leur bruyante conversation matinale. Les chants d'oiseaux remplacent timidement les croassements nocturnes.

Adam ferme les yeux pour apprécier pleinement ce premier mouvement de la grande symphonie du jour et son retour à la vie.

La vie. L'aventure. Les mangeurs de terre.

Pourquoi Liriwë accepte-t-il de le conduire jusqu'à eux ? Pourquoi maintenant ?

Il n'ose pas lui poser la question, il craint que le simple fait de la lui poser ne le fasse réfléchir et changer d'avis. Il préfère chercher la réponse au fond de lui-même, et dès qu'il le fait, le visage rond, ridé et malicieux de Kopewana s'impose dans son esprit comme s'il sortait d'un écran de fumée.

La fièvre qui s'est emparée de son corps jusqu'à la veille l'a empêché de se souvenir distinctement. À présent, tout lui revient parfaitement en mémoire.

Iramari avait donné l'alerte.

Adam et elle s'étaient rendus seuls à la cascade pour jouer et s'y baigner. Elle l'avait attrapé par le bras dès qu'elle avait aperçu le jaguar bondir dans la mare et l'avait supplié en tremblant de rebrousser chemin.

Un jaguar qui en est réduit à pêcher est affamé et dangereux. Iramari le savait. Adam le savait aussi, mais il avait préféré l'ignorer. La fascination qu'il éprouvait depuis toujours à l'égard du plus grand des chasseurs avait joué avec son esprit et paralysé son discernement. Les occasions de pouvoir l'observer de près se présentaient rarement, et la tentation de saisir celle qui s'offrait à lui avait été trop forte. Il avait estimé naïvement que le bruit de la cascade couvrirait leur présence, et le jaguar bondissant à moitié immergé lui était apparu inoffensif et joueur.

Il s'était approché de la cascade en se maintenant accroupi et avait choisi de s'adosser derrière le gros rocher arrondi qui le cacherait entièrement.

Il avait voulu faire un geste à l'attention d'Iramari pour lui signaler que tout allait bien, mais il n'avait vu que l'enchevêtrement de végétaux qui masquait le sentier.

Elle avait disparu.

Plus haut, dans les arbres, un ara flamboyant avait pris un envol précipité. Une tache rouge sur le vert dense.

Le silence.

Le feulement assourdissant.

Quand Adam avait repris connaissance, il avait d'abord vu le visage de Kopewana. Il avait reconnu dans ses yeux rougis, sa voix altérée et ses incantations, les traces de Parika, la poudre magique qui lui permettait de communiquer avec les Esprits.

Sa mère se tenait à ses côtés et s'était empressée de lui faire avaler une pâte verte, gluante et amère, tout en en lui caressant le front.

La voix grave et chantante de Kopewana s'était élevée au-dessus des volutes de fumée noire, comme si elle se destinait aux cieux.

Toute la communauté se tenait en cercle autour d'eux, en silence. Tous avaient apporté une offrande. Les larges paniers tressés disposés près du feu regorgeaient de gibiers, de fruits et de poissons.

Adam avait alors longuement croisé le regard sombre de Liriwë et s'était étonné de son attention sans faille.

La conversation mystique de Kopewana l'avait bercé jusqu'à la tombée de la nuit. L'engourdissement qui le gagnait avait peu à peu calmé sa douleur, et la fièvre lui brûlait le front quand il avait fermé les yeux.

Il n'avait pas vu Kopewana s'approcher de lui et avait même rêver quand il l'avait entendu déclarer au nom des Génies de la forêt que le jaguar avait lu le courage dans le cœur d'Adam, qu'il avait reconnu son âme claire et qu'il l'avait épargné pour conserver son honneur.

Alors seulement Adam s'était souvenu du feulement rauque, de l'imposante tête du jaguar à quelques centimètres à peine de la sienne, des reflets grisés sur sa fourrure mouillée.

Il s'était souvenu avoir bondi en avant, s'être précipité vers le rideau d'eau et s'être senti projeté sur plusieurs mètres par le formidable coup de patte dans le dos.

Il s'était souvenu être tombé à la renverse et avoir accepté sa mort, l'avoir trouvé belle et honorable.

Il s'était souvenu du face-à-face irréel, du jaguar qui s'était approché en roulant des épaules, de sa propre fascination dénuée de peur. Il avait tendu la main pour le toucher, le jaguar l'avait écartée d'un coup de patte. Un coup de patte violent mais aux griffes rétractées. Ils s'étaient longuement observés. Jaugés. Dans un dernier feulement, le jaguar avait fait demi-tour en fouettant l'air de sa longue queue avant de disparaître dans la végétation.

Il s'était enfin souvenu avoir ri en regardant le ciel juste avant de perdre connaissance.

Il avait rouvert les yeux et avait été accueilli par le sourire de Kopewana. Un sourire paisible rempli de connivence. Il savait.

Adam s'était passé la langue sur les lèvres et avait réussi à murmurer :

– Il était vraiment magnifique…

– Ada est brave, avait répondu Kopewana d'une voix amusée, mais il doit se reposer, maintenant.

Il avait passé la main sur son visage pour lui fermer les yeux. Adam s'était laissé emporter par la fièvre.

La nuit devait être déjà bien avancée quand la soif l'avait réveillé. Le shabono baignait dans un silence paisible, ponctué des crépitements du feu que Kopewana entretenait près de lui pour le maintenir au chaud.

Il semblait assoupi dans un demi-sourire. Les flammes dansaient sur son visage et projetaient sur le sol une ombre qui paraissait animée de sa propre volonté.

Adam avait cru qu'il dormait ou se promenait dans ses rêveries et n'avait pas osé le déranger pour lui demander à boire.

Il avait senti un mouvement derrière lui et, avant même de réaliser que quelqu'un s'approchait, Liriwë avait surgi et était venu s'asseoir à côté du shaman.

Ils étaient restés ainsi de longues minutes sans bouger, puis Kopewana, les yeux toujours clos, avait rompu le silence.

– Liriwë est en colère.

Liriwë avait répondu par un grognement. Kopewana avait poursuivi calmement :

– Ada n'est pas responsable de ce qui arrive.

– Les mangeurs de terre sont responsables. Tous les *Nabe* sont responsables. Ada est un Nabe. Le jaguar n'attaque pas les Yanomami…

Kopewana avait ouvert les yeux. Son regard s'était fait perçant en se figeant sur Liriwë.

– Ada est un fils de la lune, comme toi !

Il avait attendu que Liriwë eût baissé la tête pour continuer :

– L'équilibre est rompu, c'est pour ça que le jaguar a attaqué Ada. Ada n'est qu'un enfant, il est insouciant, il apprendra. Le jaguar a reconnu son âme claire et l'a épargné.

Il avait posé sa main sur la poitrine de Liriwë.

– Ouvre ton cœur, ou c'est à Liriwë que les esprits maléfiques viendront s'en prendre.

Liriwë était demeuré interdit, et le vieux shaman avait poursuivi en regardant les flammes, comme s'il s'adressait à elles :

– Le monde change. Les Nabe sont puissants et leur puissance est aussi grande que leur orgueil. Ils ont oublié l'harmonie, ils pensent que tout leur appartient, l'eau, la terre, même la vie...

– Il faut se battre !

– Et tous mourir ?

– Nous sommes des guerriers !

– Liriwë a tort. Nous sommes des Yanomami, les fils de la lune. Depuis la nuit des temps, nous respectons l'équilibre fragile de la vie, c'est ainsi. Nous ne sommes pas armés pour nous défendre, il faut écouter la mère d'Ada, elle les connaît bien, elle vient de leur monde...

– Mais nous sommes plus nombreux qu'eux et nous connaissons la forêt...

– Liriwë se trompe encore, il regarde le rocher et ne voit pas la montagne derrière. La mère d'Ada raconte qu'ils sont partout, plus nombreux que Liriwë est capable de l'imaginer, et qu'ils ont tout pris, jusqu'aux confins de la terre. La mère d'Ada parle à leurs chefs. Elle dit qu'ils vont nous protéger.

– Nous protéger ? Pourquoi ? Qu'avons-nous fait ?

Il y avait eu un long silence.

– Nous sommes sur leur passage.

Liriwë avait poussé un de ses plus fameux grognements avant de saisir une branche sèche et de frapper le centre du foyer. Des poussières de braises incandescentes s'étaient élevées en dansant dans la nuit et s'étaient mélangées un court instant aux étoiles. Kopewana les avait suivies du regard avant de continuer :

– Ada incarne notre espoir. Il est le lien fragile entre nos deux mondes. Il est la preuve que nous pouvons espérer.

Assis sur la berge au-dessus de la mare, Adam médite l'affirmation de Kopewana en mastiquant le dernier beignet de banane plantain.

« Le lien fragile entre nos deux mondes. »

Il lui arrive parfois d'avoir conscience de sa différence. Des moments furtifs, toujours liés à sa mère : sa blondeur continue à être une source d'émerveillement pendant les après-midi calmes dédiés aux chants, aux discussions et aux rêveries, et sa peau paraît encore plus claire quand elle se pare d'onoto. Quand il se retrouve seul avec elle, elle aime s'adresser à lui dans une autre langue, la langue de l'autre monde qu'ils sont les seuls à parler au village. Souvent, elle revêt sa tenue d'apparat et s'absente pendant de longues semaines pour se rendre là-bas. Parfois, dans ses rêveries, il vole dans les cieux au-dessus des nuages. Sa mère lui rappelle alors que lui aussi vient de l'autre monde et qu'ils ont traversé les océans pour venir jusqu'ici, dans un avion. Il aime cette histoire et les rêveries qu'elle lui inspire. Mais lui, Adam, d'aussi loin qu'il puisse se souvenir, a toujours été fils de la lune, et c'est là sa seule réalité.

Liriwë semble tout à coup s'impatienter. Il se redresse, réajuste l'arc et les flèches dans son dos, et s'éloigne sans autre signal de départ.

Adam le suit en grimaçant à cause de la douleur qui s'est réveillée. Ils s'enfoncent dans les brumes matinales.

Ils marchent ainsi, en silence, pendant de longues heures. Adam tait sa peine à avancer et concentre son attention sur cet assemblage chaotique grouillant de vie, terrible, fascinant et juste qui l'entoure. Il s'étonne toujours de s'y sentir si vivant et si humble. Dans chaque feuille, chaque cri, sous ses pieds, au-dessus de sa tête, vibrante, bourdonnante, la vie, partout, fragile et éternelle.

Liriwë entend le premier le grondement au loin. Un bruit mécanique, saccadé, qui n'appartient pas à la forêt. Il connaît ce bruit. Il a déjà observé les mangeurs de terre fouiller le sol et sait à quoi ressemblent les motopompes qui crachent leur fumée nauséabonde dans un vacarme assourdissant. Il fait signe à Adam de s'arrêter, le temps d'évaluer d'où provient le bruit, et s'enfonce de nouveau dans la végétation.

Au fur et à mesure qu'ils avancent, le bruit des motopompes enfle, dévorant à lui seul la symphonie qui a accompagné leur marche depuis le matin.

Ils ne tardent pas à atteindre la rive de l'Orénoque. De l'autre côté du fleuve s'étale une clairière boueuse et stérile baignée de fumée grisâtre, un vide immense et désolé au milieu duquel s'élève une baraque de tôle ondulée.

Une douzaine d'orpailleurs aux tenues similaires à celle que porte sa mère quand elle part dans l'autre monde s'affairent bruyamment.

Tapi dans les fougères à côté de Liriwë, Adam absorbe en silence le choc provoqué par cette vision. Il en oublie même temporairement ses blessures.

– Les mangeurs de terre, déclare finalement Liriwë comme s'il pouvait encore y avoir un doute. Adam vient de leur monde.

Adam cherche une réponse pour le contredire, quand l'un des orpailleurs sort de la baraque en portant une marmite fumante. Il la pose sur la table qui longe le côté gauche du baraquement et crie quelque chose à l'attention du groupe.

Un des hommes éteint les motopompes. Le vacarme fait place à la musique. Sur la table, un transistor crache un air d'embolada. Adam frémit. Un souvenir oublié ressurgit de nulle part. De la musique qui sort d'une boîte : il a déjà vu ça.

Les garimpeiros se mettent tous à table. Adam se sent désemparé.

– Qu'est-ce qu'ils font là ? demande-t-il à Liriwë pour interrompre la chaîne de pensées qui le ramène à eux.

– Ils grattent la terre… comme les cochons ! répond celui-ci en souriant.

D'aussi loin qu'il se souvient, c'est la première fois que Liriwë lui sourit. Cette complicité nouvelle le rassure.

– Ne bouge pas ! conclut Liriwë en ôtant son arc, ses flèches et sa calebasse, et en les déposant aux pieds d'Adam.

Sans autre commentaire, il descend le long de la berge accroupi et s'enfonce dans le fleuve.

Le souffle court d'excitation, Adam l'observe traverser l'Orénoque, remonter sur l'autre rive, toujours accroupi, et courir se cacher sur le côté droit du baraquement.

Les garimpeiros, occupés à déjeuner, ne remarquent rien. Liriwë longe la bâtisse à petits pas jusqu'à l'ouverture et fait un signe bref en direction d'Adam juste avant de disparaître à l'intérieur.

Presque simultanément, l'un des mangeurs de terre se lève de table et se dirige à son tour tranquillement à l'intérieur du baraquement.

Adam sent son cœur bondir dans sa poitrine. Il y a d'abord un cri, puis le vacarme d'objets lourds qui s'écroulent sur le sol, et Liriwë surgit à l'extérieur en courant. Sur ses talons, le mangeur de terre hurlant et vociférant. Il poursuit Liriwë jusqu'à la rive, mais stoppe net quand il le voit plonger.

Les garimpeiros, alarmés, se sont levés d'un bond et accourent vers lui. Deux d'entre eux font demi-tour, se précipitent dans la baraque et ressurgissent l'instant d'après, un fusil à la main.

Adam se relève en panique quand il entend les détonations. Les balles sifflent de partout.

Les petites colonnes d'eau s'élèvent autour de sa tête, elles ne manquent Liriwë que de peu.

Il parvient finalement à atteindre l'autre côté du fleuve, où l'attend Adam qui a ramassé l'arc, les flèches et la calebasse et qui lui tend la main fiévreusement.

Une fois hissé, Liriwë l'agrippe par le bras sans dire un mot et l'entraîne dans sa course.

Ils s'enfuient tous les deux en courant sous les cris et les détonations des mangeurs de terre.

Quand il s'estime assez loin, Liriwë s'arrête, pantelant, courbé en deux, les mains sur les genoux. Adam s'effondre au pied d'un arbre, remerciant les Esprits de les avoir épargnés.

Ils demeurent ainsi pendant de longues minutes, à reprendre leur souffle, puis Liriwë met ses doigts dans sa bouche et en retire un petit caillou jauni qu'il tend à Adam.

– Tiens ! C'est pour ça qu'ils grattent la terre.

Adam se tient à présent devant l'immense croix en or. Ils l'ont déshabillé entièrement et ont ceint ses hanches d'une minuscule étoffe.

Ils l'ont coiffé, ils lui ont enduit le visage et le corps de crème avant de recouvrir sa peau de poudre scintillante.

Enfin, au comble de son incompréhension et de son horreur, ils le hissent sur la croix et l'attachent.

14.

– J'ovule !

Je n'avais même pas eu le temps de dire « allô », Lulu Mae ovulait, il fallait agir. Elle avait déjà fait le virement des cent mille euros sur mon compte deux semaines auparavant, probablement pour me dissuader de changer d'avis. Là-dessus, il n'y avait aucun risque, j'avais même déjà tout préparé.

Nous avions rendez-vous dans l'après-midi, à 16 heures. Je n'avais pas donné à boire à l'autiste depuis le matin, pour l'assoiffer. Vers 15 h 30, je suis allé prendre les somnifères dans la salle de bains, j'en ai fait fondre trois dans un verre d'eau avec un Viagra, j'ai touillé et j'ai donné le cocktail à l'autiste.

Je gardais en mémoire son regard posé sur moi comme une arrière-pensée trouble. Invisible, mais toujours présente. Je ne voulais prendre aucun risque : mon petit breuvage me rassurait, il effaçait la possibilité même de sa conscience.

J'exécutais mon plan avec froideur et calcul, et je me préparais déjà mentalement à l'épreuve qui allait suivre.

J'ai juste eu le temps de le mener à la chambre quand je l'ai vu s'assoupir sur la méridienne. Il s'est écroulé sur le lit. Lulu Mae a sonné.

Elle est entrée dans le couloir précipitamment, comme si elle était suivie par quelqu'un. Elle s'était d'ailleurs trouvé une panoplie de circonstance : un foulard autour de la tête et des lunettes de soleil qui lui mangeaient la moitié de son visage chevalin. Elle portait ce qui me paraissait être une nuisette et un gros cabas en osier.

Dès que j'ai eu refermé la porte d'entrée, elle s'est écriée « *Fuck, I'm so excited !* » sans même me regarder.

Une folle.

Le deal qu'on avait passé était clair : elle apportait l'équipement nécessaire à l'insémination, je faisais le reste.

« Tu connais mieux la *penis* », avait-elle dit. J'aurais franchement préféré le contraire, mais avec une somme pareille, je n'allais pas discuter.

Je l'ai conduite à la chambre, et elle s'est extasiée sur l'autiste en entrant :

– *Fuck, he's so gorgeous !*

Je l'ai interrompue :

– Tu as trouvé ce qu'il fallait ?

Elle m'a regardé avec malice et a sorti une longue boîte de son cabas. Dedans, il y avait une sorte de pipette surmontée d'une petite poire. On aurait dit une version plus fine de la pipette qu'utilisait ma mère pour faire dorer la dinde au four.

Je ne m'attendais pas à quelque chose d'aussi artisanal.

– Tu es sûre que ça marche, ton truc ?

– *Sure.* C'est une *girlfriend* de New York qui me l'a donné. Elle est une *lesbian*, elle a deux *kids* avec ce monsieur.

Elle a agité la pipette sous mon nez, puis elle a ajouté :

– *Anyway*, le *deal*, c'est résultat garanti, non ? Si ça marche pas, je trouve autre chose.

Sauf que je n'avais pas du tout envie qu'il y ait une autre fois. Ça avait intérêt à marcher, sa pipette.

Elle a sorti un petit pot en verre de son kit grossesse et me l'a tendu en souriant.

J'ai enfilé deux gants en latex, pas tellement à des fins hygiéniques, plutôt pour éviter de toucher son sexe. Quelque part, je me disais que s'il n'y avait pas de contact direct, je pourrais plus facilement oublier. Et ça faisait tout à coup plus médical.

– *Fuck, you know what ?* Je vais regarder, comme ça je peux lui raconter quand il est grand.

Je lui ai jeté un regard horrifié.

– *I'm kidding ! Fuck, don't be so serious !*

– Je fais ce que je peux.

J'ai baissé son froc.

Les petites voix machistes se sont mises à hurler sous mon crâne. J'ai essayé de penser aux cent mille euros, mais tout ce que je voyais dans ma tête, c'était l'image d'Hélène et de l'autiste, de dos, assis côte à côte sur la méridienne.

J'ai ri. Un rire étrange, désespéré. Un rire qui annonçait la folie. Le dernier rire.

J'ai pris une grande inspiration et je me suis lancé. Le Viagra faisait son office. Je n'ai pas eu beaucoup à le toucher, son sexe s'est tendu. Lulu Mae poussait des cris, se félicitait haut et fort d'être tombée sur un étalon. Enfin, je crois que c'est ce qu'elle disait, je n'ai pas très bien compris. Tout ce que je retenais, c'était : *Fuck, fuck, fuck.*

Apparemment, elle en avait déjà pour son argent rien qu'avec le spectacle que je lui offrais. Elle me remercierait plus tard pour cette journée pas comme les autres. *So exciting !* Je me dirais en la voyant partir que c'était bien triste d'avoir autant de pognon et de s'emmerder à ce point.

Mais ça, ce serait plus tard. En attendant, je branlais l'autiste.

Je ne m'attendais pas à ce que ce soit si pénible. Je me voyais le faire depuis l'extérieur de mon corps et je n'aimais pas ce que je voyais. J'avais l'impression qu'une partie de moi crevait. Même les petites voix s'étaient tues. J'ai commencé à avoir une crampe, ça me paraissait interminable, et puis, au bout du troisième changement de main, j'ai enfin senti sa verge se gonfler un peu plus encore, et j'ai approché le pot en verre juste à temps pour recueillir la marchandise.

Vingt-cinq mille la giclée.

J'ai remis sa semence à Lulu Mae et je me suis taillé dans le salon me faire un trait de coke et absorber ma honte et mon dégoût. La cocaïne, c'était de la poudre de perlimpinpin : elle éteignait miraculeusement ma conscience.

Quand j'y suis retourné un quart d'heure plus tard, agacé de tourner en rond, j'ai trouvé Lulu Mae allongée par terre, les jambes en l'air contre le mur.

Elle était à fond, la nana.

Hélène est rentrée vers 19 heures, l'autiste dormait toujours, elle avait un colis dans les bras. Surprise de ne pas voir l'autiste sur sa méridienne, elle m'a tout de suite demandé où il était. Je lui ai répondu qu'il dormait.

– À cette heure-ci ?

J'ai haussé les épaules.

– Tiens, il y avait ça pour toi en bas.

Elle m'a tendu le paquet et elle a foncé dans la chambre, l'air inquiet.

J'ai regardé le colis et j'ai pensé que ma mère m'envoyait quelque chose : il provenait de Vendée. Il y avait à l'intérieur, soigneusement emballée, une voiture en bois, apparemment une Jaguar. La peinture était délicate, le modèle scrupuleusement reproduit. J'ai tourné le volant avec le doigt et les roues se sont articulées. Du travail d'orfèvre. Sur la plaque d'immatriculation était écrit : « XK120 C », probablement le modèle. Qu'est-ce qui lui prenait de m'envoyer ça ? J'ai fouillé le fond du colis et j'ai trouvé un mot : « Pour que tu saches. » Que je sache quoi ? Qu'elle était folle ? Je l'ai appelée.

– Gontran ! Ça tombe bien que tu appelles, j'allais justement le faire.

Elle avait l'air tout excité.

– Je vais venir vous voir à Paris. Dans deux semaines.

Il ne manquait plus que ça.

– C'est quoi, cette voiture que tu m'as envoyée ?

– Quelle voiture ?

– La Jaguar en bois.

Il y a eu un long silence.

– Je ne t'ai rien envoyé, mon chéri.

Mon chéri. Dans sa bouche, ça voulait dire qu'elle me cachait quelque chose.

– Il y avait un mot avec : « Pour que tu saches. »

– Je ne t'ai rien envoyé, je t'assure.

Ça sonnait faux, mais je savais que je n'en tirerais rien d'autre. J'attendrais qu'elle soit là pour la cuisiner.

Elle m'a communiqué la date et l'heure de son arrivée. Je lui ai dit de prendre un taxi, que je la rembourserais, et j'ai raccroché.

J'ai regardé encore un instant la Jaguar et le mot. Je n'y comprenais rien. Je comprenais encore moins pourquoi ça me mettait mal à l'aise, comme si l'objet était chargé d'une signification qui m'échappait, comme si un vieux souvenir voulait refaire surface, se frayer un chemin jusqu'à moi.

Rien. Juste une sensation désagréable. J'ai rangé la voiture et le mot dans le buffet du couloir, et je me suis précipité dans la salle de bains pour me faire une trace, effacer le malaise.

Quand je suis ressorti, Hélène était devant la porte. Elle m'a fait sursauter.

– Tu t'enfermes, maintenant ?

Je rêvais ou alors je percevais une pointe de colère dans sa voix. Sa première colère. Ça m'a mis dans les starting-blocks.

– Qu'est-ce que tu me veux ?

– Qu'est-ce qui est arrivé à David ?

– Comment ça, qu'est-ce qui est arrivé ? Il dort. Il n'a pas le droit de dormir ?

– Ne me prends pas pour une idiote, Gontran. David a le sommeil très léger. Ce n'est pas normal qu'il ne se réveille pas.

C'était bien de la colère. De la colère à la Hélène, contenue, timide, mais de la colère quand même.

OK, elle en voulait ? J'allais lui en donner, j'en avais plein en stock. J'ai singé sa voix en caricaturant les aigus :

– *Ce n'est pas normal...*

J'ai enchaîné en montant le volume d'un cran :

– Il est normal peut-être, lui ? Qu'est-ce que j'en sais, moi, pourquoi il dort ?! Et puis qu'est-ce que ça change, hein ?

Je me suis dirigé vers le salon sans attendre sa réponse. Elle m'a suivi.

– Ça change que je suis responsable de lui, Gontran. Je suis inquiète, il a l'air fatigué depuis quelque temps et...

– C'est toi qui me fatigues, Hélène, tu comprends ça ? Tu me fa-tigues ! Je me crève le cul pour nous, et tout ce que tu trouves à dire pour me remercier, c'est que l'autre est fatigué ! Merde, quoi !

– Gontran !

– Un million d'euros, Hélène, un million ! Tu devrais avoir le sourire, n'importe qui aurait le sourire à ta place ! Mais non, madame se fait du souci... Et pourquoi ? Parce qu'il dort !

Elle s'est mise à pleurer.

– Oh ! Et puis merde ! Tu me fais chier à la fin !

J'ai pris les clefs de la bagnole et j'ai claqué la porte.

Pas très malin de ma part.

Le problème avec la culpabilité quand tu la fais taire, c'est qu'elle se fraie quand même un chemin par la colère, et la colère, c'est pas terrible, je maîtrise mieux la honte. Peut-être que j'étais allé trop loin en branlant l'autiste. Peut-être que c'était trop dur à assumer, même pour moi.

En tout cas, je me suis aperçu que la cocaïne ne laissait plus assez de place dans mon esprit pour envisager pleinement les conséquences de mes paroles. Je venais de commettre une bourde, une grave bourde qui pouvait tout compromettre. Il y avait du lourd à redresser.

J'ai tourné toute la nuit dans les bars à ruminer. Au petit matin, je suis parvenu à la conclusion que je n'étais pas arrivé jusqu'ici pour tout faire foirer sur un coup de gueule.

Je me suis rendu place Vendôme et j'ai acheté le plus gros diamant que je pouvais trouver. Quand on a cent mille euros en banque, ça décomplexe. Je me suis dit que ça valait le coup, qu'il y aurait un retour sur investissement. Je croyais aussi que ça la calmerait.

Naïf que j'étais.

15.

L'autiste avait fini sa nuit quand je suis rentré. Il était posté à sa place habituelle, assis sur le côté droit de la méridienne. J'ai pensé avec un pincement au cœur : *sa place* à côté d'Hélène, quand elle le rejoignait dans sa contemplation muette.

Je me suis approché de lui à pas de loup. Je ne sais pas pourquoi j'ai fait ça, je n'avais pas dormi depuis la veille, la fatigue sans doute. Tout semblait normal. Je me suis essuyé les mains sur mon pantalon en le voyant, comme un réflexe, un geste que j'avais répété, sans y penser, tout au long de la nuit.

J'ai passé une tête dans notre chambre, elle était déserte. Le lit n'était pas défait.

J'ai trouvé Hélène blottie en chien de fusil sur le bord du lit, dans la chambre de l'autiste, elle était tout habillée. Il était presque 10 heures du matin, elle n'avait pas dû fermer l'œil de la nuit, elle non plus. J'ai touché l'écrin dans ma poche pour me rassurer.

Je puais la clope et la transpiration. En me déshabillant dans la salle de bains, j'ai défié mon reflet du menton. J'avais les traits tirés, le regard hagard, des cernes sous les yeux. Moche, moche, moche. J'ai approché mon visage du miroir et je me suis trouvé un air menaçant. Il y avait du mépris dans mes yeux. Plus je me regardais, moins je me reconnaissais. J'ai fini par me sentir toisé par cet homme dans le miroir. Il a souri. Un horrible rictus haineux. J'aurais pourtant juré n'avoir pas bougé un muscle.

Je me suis assis dans la baignoire et j'ai fait couler l'eau sur moi comme une pluie brûlante. Je me sentais seul. Terriblement seul. Je me suis frotté le corps de toutes mes forces, comme pour laver cette putain de solitude qui me terrassait depuis toujours. J'étais rouge et fumant en sortant de la baignoire, et toujours aussi mal.

J'étais en train de m'habiller dans la chambre quand mon portable a sonné. J'ai vite décroché pour ne pas réveiller Hélène et j'ai couru en slip dans la cuisine en chuchotant « Allô ? ».

– Je parle bien à Gontran Prouteau ?

– Lui-même.

– Ouais, salut, c'est François Lenoir à l'appareil.

Je me suis assis.

– Excuse-moi de t'appeler un samedi matin, mais j'ai obtenu ton numéro à l'instant et je voulais te parler tout de suite.

J'avais la gorge serrée, j'ai bêtement répondu :

– Hein ? Hein ?

– Bon voilà, je t'explique : à la prod, on envisage d'inviter David dans l'émission. Seulement bon, un autiste dans un talk-show, ça risque d'être un peu chiant, alors on s'est dit que ce serait bien que tu viennes avec et que tu fasses l'interview. Qu'est-ce que t'en penses ?

Je me suis vu à l'écran. Je me suis vu dans tous les foyers de France, à l'écran. Incontournable.

– OK, pas de problème.

– Ouais, génial. Bon, le truc, c'est que j'aimerais bien qu'on prépare un peu l'émission, c'est pour ça que je t'appelle. Tu es libre ce soir ?

– Ce soir ?

– Ouais, je fais un dîner à la maison. Il y aura la directrice de prod et Bully. On pourra parler tranquillement et faire connaissance. J'ai rien sur toi.

– Euh, d'accord.

– Génial ! Tu viens avec David, OK ?

J'étais en train de noter l'adresse de Lenoir quand Hélène a passé une tête. Elle avait du mal à ouvrir les yeux. On aurait dit qu'elle se préparait une gueule de bois, avec ses cheveux défaits et ses vêtements froissés. J'ai levé le pouce à la romaine. Elle m'a regardé un instant en fronçant les sourcils et elle a tourné les talons.

Je me suis précipité derrière elle après avoir raccroché.

– Bébé, tu ne devineras jamais…

J'ai stoppé net. Elle se tenait debout derrière l'autiste et lui caressait la nuque. L'intimité toute simple du geste, ce geste qu'elle avait l'habitude de me prodiguer, ce geste qu'elle ne me prodiguait plus m'a fait l'effet d'un coup de couteau dans le bide.

Je suis resté là, un long moment, à les regarder, à me sentir de trop. Je me suis rendu compte que j'étais debout au milieu du salon, en slip, grotesque et invisible. J'ai fait demi-tour.

Quand je suis revenu après m'être habillé, Hélène était sous la douche. J'ai attendu devant la porte de la salle de bains qu'elle sorte, comme un chien. Elle est sortie sans me regarder et s'est dirigée vers la chambre à la manière d'une somnambule. C'est là que je me suis souvenu de la bague.

Je l'attendais dans la cuisine. J'avais préparé le café et j'avais posé l'écrin en évidence à côté d'une tasse fumante. Je préférais regarder par la fenêtre, ça me paraissait plus dramatique. Je l'ai entendue s'asseoir. J'attendais qu'elle pousse un cri de joie qui balaierait d'un coup l'humeur pesante qui planait sur la maison. Rien. Au bout d'une minute ou deux, n'y tenant plus, je me suis retourné. Elle buvait son café en se tenant la tête d'une main, le coude sur la table.

Je me suis assis à mon tour et j'ai posé la main sur son bras. Elle m'a regardé, les yeux tristes.

J'ai poussé l'écrin vers elle en esquissant ce que je croyais être un sourire.

– Tu n'ouvres pas, bébé ?

Elle a lentement posé sa tasse et s'est exécutée. Le solitaire s'est mis à briller intensément quand elle a ouvert le coffret. Elle a paru surprise de voir une si grosse pierre. Je souriais de toutes mes dents.

Elle a reposé l'écrin avec la même lenteur en soufflant du nez.

– Il ne te plaît pas ?

Elle a secoué la tête et a murmuré sa réponse comme si elle s'adressait à sa tasse.

– Jamais tu ne m'avais parlé comme ça.

Merci pour l'enthousiasme.

– Pardonne-moi, bébé, je ne sais pas ce qui m'a pris. J'ai tourné toute la nuit comme un fou, en me maudissant. Je suis désolé, ça n'arrivera plus… J'ai perdu la tête.

– Qu'est-ce qui s'est passé hier ?

– Hier ? Rien. Pourquoi tu demandes ça ?

– Je n'ai pas pu réveiller David de toute la nuit. J'étais inquiète, ce n'est pas normal. Je sais qu'il s'est passé quelque chose.

Toujours se méfier de l'intuition des femmes. Il fallait couper court.

– Écoute, c'est rien, il va bien ce matin, non ?

J'ai rapproché l'écrin.

– Regarde plutôt ce que j'ai trouvé pour me faire pardonner.

Elle a ignoré la bague. Elle continuait à ignorer mon regard aussi.

– Tu ne me connais pas, Gontran.

Elle avait dit ça d'une manière définitive, triste et amère.

– Ça ne te fait pas plaisir ?...

Pour le coup, j'étais vraiment surpris, je pensais que toutes les femmes rêvaient d'avoir un diamant.

– Tu ne me connais pas, Gontran, a-t-elle répété. Tu crois vraiment que je pourrais un seul instant assumer...

Elle a longtemps cherché le mot juste.

– ... l'*indécence*... de porter sur un doigt de quoi sauver des centaines d'enfants de la famine ?

J'ai pensé des *milliers*, vu ce que le caillou m'avait coûté. Sainte Hélène. J'avais oublié.

– Je vais le rapporter, bébé. Si tu préfères, tu pourras donner l'argent à une association.

– Tu sais ce que je voudrais vraiment ?

– Tout ce que tu voudras, bébé.

– Qu'on arrête tout ce cirque autour de David...

Tout ce que tu voudras, sauf ça.

– ... ça finira par nous perdre. Tous les trois.

Elle avait l'air si triste, si convaincue aussi.

J'étais prêt à lui dire tout ce qu'elle voulait entendre. Au fond, je voulais juste gagner du temps. Je mettais son attitude sur le compte de la dispute de la veille et de la mauvaise nuit qu'elle venait de passer. Je me disais qu'avec le temps et plus de prudence, les choses allaient rentrer dans l'ordre.

– D'accord, bébé.

Son visage s'est éclairci.

– C'est vrai ? Tu es sérieux ?

– Bien sûr que je suis sérieux, bébé...

Je lui ai pris la main.

– ... mais avant ça...

– Gontran... non...

Elle a retiré sa main.

J'ai eu du mal à la convaincre pour Lenoir. J'ai dû la persuader que je faisais ça pour moi, que c'était moi, le sujet de l'interview, et qu'après ce serait fini. Pour de bon. Il fallait bien sauver les meubles.

Elle n'était pas d'accord, mais elle a finalement rendu les armes. Il faut dire que, pour une fois, j'étais sincère dans mes arguments. L'autiste pouvait bien disparaître – pour ce que j'en avais à faire –, il m'avait conduit là où je voulais. J'étais si près du but : j'allais passer à la télé ! En prime time !

Je me suis reposé tout l'après-midi dans la chambre. Je savais qu'Hélène passerait son temps assise avec l'autiste et que ça finirait par la calmer.

16.

Je ne m'attendais pas à ce qu'un majordome nous ouvre la porte, et puis la surprise a fait place à la conviction que je pénétrais dans le monde de la nouvelle noblesse française.

Le baron du PAF est sorti d'une pièce au fond du couloir et s'est approché de nous, un verre à la main.

– Salut, Gontran, merci d'être là.

Je lui ai tendu la main, il l'a ignorée et m'a claqué la bise. J'y étais finalement arrivé, j'étais dans la place.

Le majordome a fait ce que font les majordomes : il s'est éclipsé discrètement. Je ne l'avais même pas vu disparaître. Lenoir s'est arrêté devant l'autiste, une main sur la hanche.

– Ah ouais ! Il est vraiment beau, c'est pas une blague. Et il ne le sait même pas ? Quel gâchis !

Il l'a presque reniflé en approchant sa tête, puis il en a fait le tour en l'évaluant de manière attentive et médicale. Ou mortuaire.

– Ah ouais ! Belle bête !

J'ai pris le compliment comme s'il m'était adressé.

– Viens, on prend un verre avec Bully dans la cuisine avant de passer à table.

Je l'ai suivi dans le couloir. Au passage, j'ai regardé toutes les photos sur le mur, un peu intimidé : un *hall of fame* prodigieux où Lenoir affichait son sourire Émail

Diamant, photo après photo, auprès de tout ce qui se faisait de plus brillant dans la sphère du showbiz international. Étourdissant.

Dans la cuisine, un homme était affairé devant les fourneaux, il me l'a présenté comme son cuisinier. Le baron avait du personnel. Majordome, cuisinier, et bouffon : Bully, son acolyte de l'émission, la voix irrévérencieuse de Lenoir, sirotait son verre sur le coin de la table.

– Et tu reconnais sûrement Vincent Bully ? Vincent, je te présente Gontran... et David. Tu bois du champagne ou tu veux autre chose ?

J'ai dit « champagne » en serrant la main de Bully. Ce dernier n'a pas quitté l'autiste des yeux. On s'est tous assis. Bully toisait l'autiste, comme prêt à bondir. Pendant que Lenoir me versait une coupe, il s'est lancé.

– Alors c'est lui, le nouveau sex-symbol ?

J'ai acquiescé.

– Et il ne cause pas ?

– Non.

– Il ne comprend pas non plus ce qu'on lui dit ?

– Non.

– Putain, c'est pratique, ça.

Lenoir est intervenu :

– Tu te rends compte, Vincent, ce mec est devenu une légende vivante sans avoir jamais dit un seul mot. Franchement, Gontran, t'as assuré. Ah ouais ! Chapeau !

J'ai vu Bully se ramasser sur lui-même en fixant l'autiste. J'avais déjà vu des chats faire pareil avant d'attaquer une proie. Après quelques secondes, il a bondi.

– Hé, David ? T'es qu'un gros connard ! J'ai un truc à te dire de la part de tous les mecs qui se sont pris des râteaux toute leur vie avec les gonzesses : ta mère est une pute !

L'autiste n'a évidemment pas bronché, Lenoir s'est mis à rire, je l'ai suivi.

– Oh ! Putain que ça fait du bien ! Hé, Gontran, sans déconner, tu devrais l'installer dans un stand : un euro l'insulte, tu te ferais un max de blé, je te jure que les mecs feraient la queue. François, essaie. Vas-y ! Tu vas voir, ça défoule.

– Attends, moi, j'ai pas de problèmes avec les nanas, j'te signale.

– C'est parce que tu passes à la télé, te fais pas d'illusions, ma poule.

– Chacun sa route, mon Bully. L'important, c'est d'arriver à bon port. Pas vrai, Gontran ?

Je me sentais bien. J'étais intimidé devant eux, mais je me sentais bien. Comme si j'avais enfin en face de moi des gens qui me comprenaient vraiment. Ça justifiait tout le reste. Ça balayait d'un coup tous les doutes que j'avais pu avoir dernièrement.

On a tranquillement bu notre verre comme une bande de vieux potes. Bully sortait des vannes, Lenoir et moi riions. On s'était resservi un verre quand quelqu'un a sonné à la porte.

– Ah, cool ! Ça doit être Esther, on va pouvoir passer à table.

Le majordome a fait irruption dans la cuisine, suivi d'une petite blonde choucroutée. Elle avait son portable collé à l'oreille et un énorme sac en bandoulière.

– Je m'en fous, tu le couches !... Et alors, c'est lui qui commande, peut-être ?...

Elle nous a fait un signe agacé de la main en levant les yeux au ciel et a posé son sac sur la table.

– ... Passe-le-moi... Passe-le-moi, je te dis !... Écoute-moi bien, ça suffit ! Tu obéis à ta sœur, OK ?... Eh bien, tu l'enregistres, tu le regarderas demain... Non !... Je te dis non ! Non, c'est non, tu as compris ?... Si tu continues, je rentre à la maison et je te passe la Nintendo par la fenêtre, c'est ça que tu veux ?… Mais je sais pas, quand j'aurai fini, maman travaille… Ah non ! Ne pleure pas… Repasse-moi ta sœur… Allô ?… Oui, je sais, mais qu'est-ce que tu veux que j'y fasse ?… Bon, mais pas après minuit, OK ?… D'accord, d'accord, on verra ça demain, je te laisse, je suis arrivée… C'est ça, moi aussi !

Elle a raccroché et nous a regardés en secouant la tête.

– Je les aime, Dieu m'est témoin, je les aime, mais parfois j'aurais envie de les empaler !

– Gontran, je te présente Esther, notre mère à tous.

Elle m'a embrassé. J'ai retenu un haut-le-cœur provoqué par son parfum épicé. Il m'est resté ensuite dans le nez pendant un bon quart d'heure.

– Esther, tu veux pas couper ton portable pour une fois, qu'on soit tranquilles ?

– Et puis quoi d'autre ? M'arracher un bras ?

Avant de passer à la salle à manger, je me suis éclipsé aux toilettes et je me suis fait une grosse ligne de cocaïne, histoire de me donner de l'assurance. Quand je suis revenu, j'avais perdu en appétit mais gagné en verve.

Le dîner s'est déroulé dans la bonne humeur. Bully et Lenoir se moquaient beaucoup d'Esther qui, bien qu'agacée, parfois même outrée, avait du mal à cacher qu'elle adorait ça. J'arrivais de temps en temps à en placer une, je les ai même fait marrer une ou deux fois. Je me sentais intégré, estimé. Le pied.

Au dessert, on a enfin abordé l'émission. Lenoir m'a expliqué en détail son déroulement et le type de questions auxquelles j'aurais à répondre. Il pensait faire une interview *success story*. J'ai trouvé ça approprié. Quand le majordome nous a silencieusement servi le digestif, Bully et la directrice de production s'étaient lancés dans une joute verbale à propos des chaînes concurrentes et de leur programmation. Lenoir m'a pris à part et m'a proposé de le suivre au salon.

Il a fermé la porte et on s'est installés dans les fauteuils clubs, près de la cheminée. J'ai profité de cette intimité pour renforcer notre connivence.

– Je peux te proposer une trace ? J'ai une excellente poudre.

– T'es gentil, mais j'ai arrêté depuis longtemps… Mais vas-y, toi, te gêne surtout pas. Tiens !

Il m'a tendu un plateau en argent avec une paille dessus. Je me suis fait plaisir.

– Parle-moi de toi, Gontran.

Je me suis lancé. Je lui ai raconté mon enfance, mes envies, mes craintes. Je me suis lâché. J'ai omis tous les détails concernant Catherine Roux, mais en substance je lui ai expliqué comment l'autiste avait changé ma vie, comment il m'avait permis de m'accomplir, de réaliser mes rêves.

Je le regardais m'écouter avec intérêt et j'ai pensé à mon père. Mon père qui n'était plus là, qui était parti avant de me voir réussir, qui ne serait jamais fier de moi. Comme s'il lisait dans mes pensées, Lenoir s'est substitué à lui.

– Je suis très impressionné, Gontran.

– Vraiment ?

– Ouais, vraiment. T'as tout compris. À ton âge, c'est remarquable, je te tire mon chapeau.

Du miel. Du miel pour mes oreilles. Je me suis senti ému, au bord des larmes. J'ai poussé le transfert un peu plus loin, j'avais envie de me confier. Lenoir, lui, me respectait. Mieux, il me comprenait.

– Tu sais, il y a beaucoup de gens qui pensent que je l'exploite, que j'abuse de lui.

– Des jaloux, t'occupe pas de ça. C'est pas toi qui forces tout le monde à s'intéresser à lui. Les gens sont comme ça, Gontran, c'est pas un crime de leur donner ce qu'ils veulent.

Regarde les États-Unis : la première puissance mondiale, et qu'est-ce qui les fait vibrer ? Les aventures de Paris Hilton. T'as vu, en ce moment, son passage en prison enflamme tout le pays, les médias ne parlent que de ça. Et pendant ce temps-là, ils envoient leurs enfants au charnier en Irak et ils dérèglent le climat au passage, et tu crois que ça les intéresse ? Non, ce qui les intéresse, c'est de savoir si Britney Spears porte une culotte ou non… Crois-moi, tu n'abuses de personne, t'es juste plus malin que les autres.

– Tu crois ?

– Ouais, bien sûr. T'es assis sur une mine d'or, t'aurais tort de ne pas en profiter. À mon avis, tu pourrais même aller plus loin. Ton David est en passe de devenir une *marque*, tu réalises ? Bientôt, tu pourras vendre n'importe quoi, juste avec son prénom sur la boîte. Imagine, tu pourrais même ouvrir une banque de sperme, elle serait cotée en bourse sur-le-champ, c'est le cas de le dire.

J'ai ri comme je n'avais pas ri depuis très longtemps. Ça a ouvert les vannes, je me sentais tellement compris, soutenu.

– Tu crois pas si bien dire. Figure-toi que j'ai déjà vendu sa semence. Cent mille euros le flacon.

– Tu déconnes ?

– Non, je te jure, il y a deux jours.

– Alors là, respect ! Ah ouais, respect !

Il m'a tendu son verre, on a trinqué.

17.

J'étais devenu le pote de Lenoir.

Comme si une bonne chose n'arrivait jamais seule, les premiers résultats de la campagne *Deus* annonçaient un succès mondial retentissant. Jamais un lancement de parfum n'avait été accompagné d'une telle effervescence : les médias couvraient l'événement dans tous les pays. Il faut dire que ce n'était pas commun de voir un débile mental devenir l'égérie d'une marque, ça prétextait au commentaire. Plus ils en rajoutaient sur sa condition, plus le public s'enflammait pour lui. L'objet du désir est encore plus puissant quand il se comporte comme tel. Pour preuve, Vernier m'a appelé quelques jours après pour m'annoncer une nouvelle de dingue : l'autiste était officiellement invité pour un séjour à Dubaï.

– Le fils d'un émir veut l'avoir à sa table pour son anniversaire.

– Tu plaisantes !

– Oh non ! C'est on ne peut plus sérieux. C'est le gros de mon business, tu sais !

– Business ?

– Ils sont prêts à payer des fortunes pour avoir des célébrités à leur table. Ça les flatte. En plus, là, c'est du gros, je me suis renseigné : pétrole et immobilier… On parle milliards !

J'ai dû m'asseoir. Hélène a traversé le salon, traînant sa tristesse avec elle. J'ai attendu qu'elle soit partie pour lui répondre.

– C'est pas le bon timing, Lucas. Ma femme est en pleine crise, je dois me tenir à carreau.

– Déconne pas, Gontran, c'est juste un aller-retour. Il y va, il mange, il flatte, et hop ! Vous êtes de retour.

– C'est trop tôt. Je suis pas en position…

– Cinq cent mille, Gontran.

– Quoi ! ?

– C'est ce que le type m'a proposé, évidemment tous frais payés. Je les connais bien, je suis sûr que je peux obtenir plus, il avait l'air très décidé.

– C'est quand ?

– Lundi prochain. J'ai regardé, il y a un vol dimanche après-midi, retour mardi soir.

Ça tombait juste après l'émission de Lenoir. Vu les difficultés que j'avais eues à persuader Hélène, c'était trop juste. En plus, ma mère débarquait ce soir pour une quinzaine de jours, ça me faisait beaucoup sur les bras. À contrecœur, je m'en suis tenu à mon refus initial.

– Tu as tort, Gontran, des occasions comme celle-ci ne se représenteront pas de sitôt.

– Laisse tomber, Lucas. Si je pouvais faire autrement, crois-moi, je le ferais.

En raccrochant, je me suis évertué à transformer ma déception en reproches. Envers Hélène qui m'empêchait de m'accomplir, envers ma mère qui arrivait au moment le moins opportun, et tant qu'à faire envers l'autiste, parce que c'était facile.

Je l'ai à peine reconnue quand j'ai ouvert la porte, et ce n'était pas seulement dû à sa nouvelle couleur de cheveux : elle paraissait beaucoup plus jeune. Elle s'était peint un sourire en rouge qui paraissait indélébile. Elle rayonnait. Je ne reconnaissais pas non plus ses vêtements, plus près du corps. Elle avait dû faire péter la carte bleue.

Je lui ai montré la chambre d'amis, où elle a déposé sa valise.

– Tu m'offres quelque chose à boire ? Ce voyage m'a déshydratée.

Tandis que je la guidais vers la cuisine, elle s'est arrêtée devant l'entrée du salon.

– C'est lui ?

– Mmh, mmh.

– Je peux le regarder de plus près ?

– Fais-toi plaisir.

Elle s'est approchée de l'autiste et m'a semblé se recueillir pieusement devant lui. Toujours ce sourire. Quand elle est revenue vers moi, j'ai lu de l'émerveillement dans ses yeux.

– On dirait un ange...

En me disant ça, elle m'a regardé en face pour la première fois depuis qu'elle était arrivée. Son sourire s'est affadi.

– Tu as maigri, Gontran, tu n'as pas très bonne mine. Tu es sûr de manger comme il faut ?

Je me suis rendu compte que je n'avais pas besoin d'aller en Vendée pour me sentir redevenir le *Prout* de mon enfance : il suffisait qu'elle soit là. Je lui ai répondu avec cynisme que forcément, sans ses bons petits plats, je dépérissais. Elle n'a pas relevé.

Je lui ai servi un verre d'eau dans la cuisine. Elle l'a bu d'un trait.

– Je vais passer à la télé.

– Toi ?

– Oui, moi.

– Et en quel honneur ?

– Certaines personnes pensent que je le mérite.

Elle a regardé sa montre. Ça n'avait pas l'air de la passionner.

– C'est dans l'émission de Lenoir, samedi. Il va me faire une interview *succès*… On est devenus amis, il a beaucoup de respect pour moi.

– C'est bien, Gontran. Je suis contente pour toi.

Correction : elle n'en avait rien à foutre.

Je la regardais me sourire, mais je savais que ce sourire n'était qu'une façade, qu'il ne m'était pas directement destiné. Comme je ne savais plus quoi ajouter, je suis allé chercher la Jaguar.

– Je t'ai déjà dit que je ne savais pas d'où ça venait.

Elle ne l'avait même pas regardée. Ça me confirmait qu'elle mentait.

– Et ce mot : « Pour que tu saches. » Qu'est-ce que ça peut bien vouloir dire ?

– Tu m'embêtes, avec cette histoire. Je t'ai dit que je n'en savais rien.

Menteuse. Le malaise que j'avais ressenti en voyant la voiture pour la première fois avait ressurgi, plus fort encore, et c'était sa présence qui l'amplifiait, je le savais. C'était ma madeleine de Proust à moi, sauf que le souvenir attaché restait trouble et qu'il m'angoissait. Elle a changé de sujet maladroitement.

– Comment va ma petite Hélène ?

– Tu lui demanderas ce soir.

– Et Hervé, comment va Hervé ?

– Je ne sais pas. On ne se voit plus.

– Quel dommage, un si gentil garçon ! Et tellement drôle.

J'ai serré les poings.

– Qu'est-ce que tu viens faire ici ?

Elle a paru hésiter. Elle devait sentir la colère qui me tiraillait le ventre.

– Je viens te voir. Une mère n'a pas le droit de venir voir son fils ?

– Tu n'es jamais venue avant.

– Eh bien, disons que maintenant, j'ai plus de temps pour moi…

Maintenant ? Maintenant que papa est mort ?

Elle a baissé les yeux.

– Et puis… j'ai rencontré quelqu'un.

– Ben, dis donc, tu n'as pas perdu de temps !

– Gontran ! Je suis restée presque trente ans avec ton père.

– Personne ne t'a forcée.

– Les choses ne sont pas toujours ce qu'elles paraissent…

Elle a eu l'air de regretter ce qu'elle venait de dire. Elle a ajouté en souriant :

– Il est mort, c'est comme ça. Moi, je suis en vie.

– Qui est-ce ?

André. Un tenancier de piano-bar dont elle avait fait la rencontre sur Meetic. La surprise engendrée par cette annonce, couplée au choc d'imaginer ma mère surfant sur le Net, m'a bien fait marrer sur le moment. Elle, par contre, était très sérieuse. Elle devait le rencontrer le lendemain et lui avait donné rendez-vous ici, à l'appartement. Je comprenais mieux le maquillage, la décoloration, les nouvelles fringues, et surtout sa présence. Ça m'aurait paru trop beau qu'elle vienne pour moi.

Le lendemain, au fur et à mesure que l'heure approchait, son niveau d'excitation grimpait. Une vraie jouvence. Vers 19 heures, elle avait de nouveau seize ans. Elle faisait des allers-retours incessants du salon à la salle de bains et rectifiait tantôt son maquillage, tantôt sa coiffure. Quand la sonnerie de l'interphone a annoncé qu'il arrivait, elle était en train de changer pour la troisième fois de boucles d'oreilles. Elle s'est précipitée vers Hélène.

– Je suis comment ?

– Vous êtes très belle, Geneviève, vraiment ravissante.

Elle a poussé un cri et s'est enfuie dans la chambre. Quand elle est revenue avec son sac à main, je venais de faire entrer André. Hélène dirait plus tard qu'il avait l'élégance rétro des Années folles, là où je n'ai vu qu'un vieux maigrichon dans un costume trop grand pour lui. Les présentations n'ont duré que quelques secondes. J'ai refermé la porte sur eux juste après qu'il m'eut promis de ne pas la ramener trop tard en m'adressant un clin d'œil.

J'avais fait un geste de la main, elle ne s'était même pas retournée, trop affairée à lui tenir le bras, comme si sa vie en dépendait.

Hélène s'était retirée depuis longtemps, tout de suite après avoir couché l'autiste. J'attendais toujours ma mère quand elle est rentrée, visiblement éméchée. Il était presque 4 heures du matin, j'en étais à ma quatrième trace de coke et j'entamais mon deuxième paquet de clopes. J'avais ruminé toute la soirée, assis dans la cuisine en regardant la Jaguar.

Elle est apparue dans l'embrasure de la porte, les yeux brillants et un large sourire aux lèvres.

– Tu as passé une bonne soirée ?

Elle a titubé jusqu'à moi et s'est pendue à mon cou.

– Oh ! Mon chéri, une soirée meeerveilleuse !…

Pas de doute, elle était complètement bourrée.

– Raconte-moi ça.

Je l'ai installée à la table de la cuisine et je lui ai servi un cognac. Pas question qu'elle me lâche maintenant, je comptais bien la cuisiner.

Je me suis sagement coltiné son récit de la soirée : le dîner au George, *quelle vue magnifique*, la promenade sur la passerelle des Arts, *il est tellement romantique*, et enfin le clou de la soirée, son moment de gloire, sa performance au piano-bar.

– Au début, je n'osais pas. Tu comprends, j'étais intimidée. Mais il a insisté, alors je me suis lancée… J'ai chanté « Ma Préférence »…

Elle s'est mise à fredonner :

– *Je le sais… sa façon d'être à moi parfois vous déplaît…*

Je l'ai laissée savourer son bonheur jusqu'au refrain. Je tripotais nerveusement la Jaguar posée sur la table. J'attendais le bon moment pour attaquer.

– Génial ! Et tu as eu un rappel ?

Elle a ri comme une gamine attardée.

– Plusieurs ! Tu sais quoi ?… C'est le plus beau jour de ma vie !…

Elle a gauchement attrapé son verre. C'était le moment.

– Maman ?

– Mmh ?

– Je sais où j'ai déjà vu cette voiture. Toi aussi, tu l'as déjà vue. Pourquoi tu m'as menti ?

C'était du bluff, mais c'était tout ce que je pouvais trouver. Vu son état d'ébriété, j'avais peut-être une chance.

Elle a posé son verre et elle a regardé la voiture. Je voyais ses yeux essayer de la fixer, sans trop de succès. Son visage s'est assombri. Elle a mis un temps avant de parler.

– Tu étais tellement jeune… un bébé… Je pensais que tu avais oublié… Je pensais que c'était mieux comme ça…

Elle a repris une gorgée, son geste était lent. J'étais sur la bonne piste, j'ai continué à mentir :

– Le problème, c'est que je m'en souviens. Dis-moi la vérité : qui me l'a envoyée et pourquoi ?

– Oh ! Gontran… Ça n'a plus d'importance, tout ça… Laissons le passé là où il est…

– Ça a de l'importance pour moi… Maman… s'il te plaît… C'est le plus beau jour de ta vie ? Fais en sorte que ce soit aussi le mien : dis-moi qui me l'a envoyée.

Je la voyais se battre contre l'ivresse, essayer de reprendre le dessus. Lutter. Elle a lentement secoué la tête.

– Je ne sais pas qui te l'a envoyée… je te jure…

Son regard s'est troublé, j'avais l'impression qu'elle revisitait une autre vie. Elle s'est mise à parler lentement, comme sous hypnose, en faisant des bruits de bouche disgracieux.

– Tu avais tellement pleuré le jour où tu l'avais découverte. Tu ne comprenais pas pourquoi tu ne pouvais pas jouer avec… Mais qu'est-ce que je pouvais te dire, hein ?… Qu'est-ce que je pouvais bien te dire, moi ?… Pourtant, je faisais toujours attention à garder le garage fermé à clef… Une fois, j'ai oublié, une fois !…

J'ai fixé un instant son ongle verni pointé en l'air et soudain l'image m'est violemment revenue en mémoire, comme un flash : je devais avoir quatre ou cinq ans, je me suis revu entrer dans le garage et trouver la voiture. J'ai revu ma mère entrer à son tour et me surprendre assis par terre en train de jouer avec. « Remets cette voiture où tu l'as trouvée ! Elle n'est pas pour toi ! » avait-elle crié. J'avais pleuré. Je l'ai revue me tirer par le bras et fermer la porte à clef. Je hurlais. « Je t'interdis de rentrer encore dans le garage ! » Elle s'était mise à pleurer, elle aussi. Et puis plus rien. Le souvenir s'arrêtait là.

J'ai repensé à mon père, enfermé dans le garage tous les dimanches. « Ton père bricole, ne le dérange pas ! » Je me suis souvenu de mon angoisse. Ce mal au bide qui ne m'avait jamais quitté depuis.

– C'est papa qui l'a fabriquée ?

– Mmh, mmh.

Ses yeux commençaient à se fermer. Je l'ai secouée.

– Pour qui elle était, cette voiture ? Réponds ! Qui me l'a envoyée ?

– Tu me fais mal, Gontran…

– Réponds-moi !

– Je ne sais pas… Arrête, tu me fais mal !…

– Réponds !

– Pour ses fils !… Voilà, tu es content ?… Ses fils… ses bâtards chéris…

Je l'ai lâchée. Elle a posé sa tête entre ses mains en gémissant.

– Oh ! Gontran… Qu'est-ce que tu as fait ?…

Je suis resté sans voix. Tétanisé. J'essayais de comprendre ce que ça pouvait bien vouloir dire, mais plus je tournais l'idée dans ma tête, moins ça avait de sens.

Elle s'est mise à pleurer. On aurait dit les larmes de toute une vie, toute une vie de mensonges retenus dans la gorge. Elle a finalement relevé la tête, une bulle de morve se formait dans l'une de ses narines, elle l'a essuyée gauchement d'un revers de manche.

– Oublie ce que je viens de dire, Gontran, j'ai trop bu… Je ne sais plus ce que je raconte…

– C'est quoi, cette histoire de fils ?… Parle !

L'urgence dans ma voix ne lui laissait aucune alternative, elle l'a senti, elle s'est résignée. Elle a pris une grande inspiration et elle s'est mise à me raconter pendant que des larmes ruisselaient sur ses joues, entraînant des coulées de mascara.

– J'ai rencontré ton père un soir de 14 juillet, pendant le bal. On avait dansé toute la nuit… On avait beaucoup bu, on ne savait plus vraiment ce qu'on faisait… Ça ne devait être qu'un coup de folie d'une nuit, tu comprends ?… Quand je l'ai recroisé deux mois plus tard, j'étais enceinte… Je ne savais pas quoi faire… J'étais si jeune… si jeune… C'est lui qui m'a convaincue de te garder et de l'épouser. Il pensait que c'était la meilleure chose à faire, qu'on apprendrait à se connaître… à s'aimer…

Son nez coulait, je lui ai tendu un Sopalin, elle s'est mouchée bruyamment.

– Les premières années ont passé, mais l'amour n'est jamais arrivé… C'est là qu'il a rencontré Sylvie et qu'il est tombé amoureux. Au début, je fermais les yeux, je n'étais pas jalouse… Très vite, elle est tombée enceinte, elle aussi… Quand il a voulu divorcer, j'ai refusé. Je lui ai interdit de me laisser seule avec toi… Interdit !… Il faut me comprendre, Gontran : j'avais abandonné mes rêves par sa faute… Je ne voulais pas rester la seule à me sacrifier… Tu sais que je voulais être chanteuse avant de tomber enceinte ?…

Elle a souri. Un sourire monstrueux sur son visage noirci. Elle s'est mouchée de nouveau.

– Alors on a fait un marché : on resterait mariés, on ferait semblant pour tout le monde… pour toi… En échange, il pourrait vivre sa relation avec elle et son *bâtard*…

Elle a pris son verre et l'a vidé d'un trait. Elle a toussé en faisant une grimace.

– Le contrat, c'était deux nuits par semaine avec nous… plus le dimanche !… et Noël aussi. Je savais qu'il était malheureux, mais il a tenu parole. Sylvie ne nous a jamais posé de problème… même après la naissance de leur deuxième garçon… Je crois qu'elle aussi était très amoureuse… Avec le temps, il a commencé à culpabiliser de ne pas voir ses fils assez souvent… Alors il s'est mis à passer ses dimanches à leur fabriquer des voitures en bois, pour qu'ils sachent… qu'ils sachent qu'il pensait à eux, même quand il n'était pas là… Je ne pouvais pas l'en empêcher… Tout ce que je pouvais faire, c'était t'empêcher, toi, de le découvrir… Oh ! Gontran !… Après que tu es parti de la maison, il est allé s'installer avec eux… Il passait me voir de temps en temps, par habitude j'imagine… Il a eu sa crise cardiaque pendant l'une de ses visites. Combien de fois je lui ai dit d'arrêter de fumer, hein ?… Ils étaient là, à l'église, quand tu as fait ton… discours. Plus tard, au crématorium, le plus jeune de ses fils… ton demi-frère, m'a demandé ton adresse. Il était très ému, il voulait te parler, te connaître. Je lui ai demandé de te laisser tranquille. Tout ce que je pouvais faire pour lui, c'était lui donner les cendres… C'est sûrement lui qui t'a envoyé la voiture…

J'ai revu son visage : l'adolescent qui pleurait dans le fond de l'église, celui qui m'avait fait penser à moi, à son âge… et ce que j'avais dit sur l'autel me revenait aussi en mémoire : « J'aurais quand même bien aimé savoir ce que tu pouvais bien foutre tous les dimanches, enfermé dans ton garage à la con, mais bon, je me contenterai de ton silence éternel… »

J'ai regardé la voiture, le mot, « pour que tu saches ».

– Oh ! Gontran ! Qu'est-ce que tu m'as fait dire…

Elle a posé la tête sur ses bras croisés et s'est remise à sangloter. De gros sanglots de femme saoule qui regrette d'en avoir trop dit.

18.

Ce devait être mon grand jour, ma victoire sur la vie. Demain, j'allais passer à la télé, pénétrer dans tous les foyers de France, exister aux yeux du monde. Mais je n'arrivais pas à me projeter vers demain. Au lieu de ça, j'ai passé la matinée coincé dans mes souvenirs.

Sans trop savoir comment, je me suis retrouvé accroupi dans un coin du salon, le dos au mur. Les meubles ont disparu : le canapé, la table basse, la méridienne, l'autiste. La pièce s'est rétrécie, assombrie. Sont apparus des crapauds en velours vert, la télévision, ma mère. C'est un mercredi, j'ai huit ans.

Ma mère est absorbée par le programme, les yeux rivés sur l'écran. Elle ne me remarque pas dans mon coin. Je m'ennuie. Elle a chanté à tue-tête toute la matinée en faisant le ménage, sans me voir. Vers midi, elle m'a dit de venir à table. Pendant le déjeuner, elle ne s'est adressée qu'aux héros du feuilleton. Pas un mot pour moi. Quand elle m'a enfin parlé, au moment de faire la vaisselle, ça a été pour me dire de ne pas rester dans ses pattes. Elle l'a dit sans me regarder, poliment, sans s'énerver. J'aurais presque préféré qu'elle s'énerve.

Je suis accroupi dans un coin du salon et je regarde ma mère regarder la télévision.

– Gontran ?

– Je suis là.

Elle a débarqué dans le salon. Elle s'était couchée sans se démaquiller, elle avait l'air d'un monstre.

– Ah ! Tu es là…

Elle s'est approchée de moi, le front plissé, et s'est assise sur le bord du canapé. J'ai attendu qu'elle tende une main vers moi, qu'elle me touche, qu'elle me prenne dans ses bras sans un mot. Je l'ai espéré de toutes mes forces : un geste, un seul geste qui effacerait tout le reste…

– À propos d'hier…

– Laisse tomber.

– Je voulais juste…

– Laisse tomber ! Je ne veux plus en entendre parler.

– Oh ! Gontran…

Elle a passé ses mains sur sa figure et a paru étonnée d'y trouver des traces noires.

– Si tu savais comme j'ai mal à la tête !

– Je vais te chercher de l'aspirine.

Quand je suis revenu dans le salon, elle sortait de la salle de bains. Elle s'était passé de l'eau sur le visage et avait repris un semblant d'apparence humaine. Elle a jeté au fond de sa gorge les deux comprimés et a bu goulûment le verre que je lui tendais, cul sec.

À cet instant précis, je me suis rendu compte que ce n'était plus la mère, mais la femme que j'avais devant moi. Une simple femme qui espérait se débarrasser de sa gueule de bois en prenant des cachets. J'avais l'impression que si elle avait pu trouver une pilule qui la débarrasse de son passé, elle en aurait également avalé deux. Et la deuxième aurait porté mon nom.

Je revisitais mentalement les non-événements de mon enfance en remplaçant ma mère par la femme qui se tenait devant moi, un peu à la manière d'un roman-photo. J'en modifiais aussi les légendes au passage, préférant *encombrant* à *invisible.* Ça sonnait beaucoup plus juste.

Je n'avais été qu'un fardeau. Pas étonnant que ni ma mère ni mon père ne m'aient regardé grandir. J'ai soudain réalisé que j'avais tellement eu peur de n'être pas aimé qu'au final, ça me soulageait de le savoir une bonne fois pour toutes. La force de la vérité, quelle qu'elle soit, c'est d'éliminer la part d'ombre, le doute. Le doute, la peur, voilà ce qui fait mal. La vérité, on arrive toujours à s'en accommoder avec le temps.

J'observais cette femme assise dans mon salon, qui m'avait élevé, ou plutôt nourri, dans la douleur du mensonge, et j'ai eu pitié d'elle. De lui aussi. Mon père et ma mère. Deux lâches. Un homme et une femme, sans *chabadabada,* sans amour ni trompettes, et puis moi, au milieu, sans autre lien que celui du boulet que j'étais pour eux.

Probablement par réflexe, pour fuir l'ignominie de ce constat, le visage d'Hélène enfant a soudainement chassé l'image de ce trio absurde. Je me suis abandonné dans ce souvenir, les yeux ouverts. Je la revoyais aussi précisément que si c'était hier. Sa barrette bleue dans les cheveux, celle qui retenait tant bien que mal sa mèche presque blanche, cette même mèche qui blondirait vingt ans plus tard dès qu'elle prendrait le soleil. Je revois les reflets dorés du duvet sur ses bras. Je me souviens de son odeur de gomme à la framboise, de la pointe de son nez qui s'abaisse quand elle me regarde, quand elle s'apprête à me dire quelque chose. « *Moi*, je te vois, Gontran. » Elle penche la tête en tirant le bout de sa langue pour terminer la tresse qu'elle a commencée avec mes cheveux. Ça me gêne un peu, mais je ne dis rien, je ne bouge pas. Je suis comme dans une boule de coton. Je savoure ce petit frisson étrange qui me hérisse le poil et me chatouille le ventre quand elle le fait, la chaleur qui se diffuse sur ma nuque, mon cœur qui bat plus vite.

Et je suis bien. Je la crois quand elle me dit qu'elle me voit, moi, Gontran.

Hélène.

Je crois que s'il y a eu un moment dans mon escalade vers le vide où tout pouvait encore basculer, c'était bien celui-là. J'aurais pu prendre Hélène par la main, l'emmener loin de tout ça, de toutes ces foutaises, de tous ces mensonges, c'était le moment.

Mais je n'ai pas su le saisir. À force de me sentir invisible, j'avais pris l'habitude de ne rien voir.

Ma mère n'a plus évoqué la révélation de la veille. Je la croisais, fantomatique, dans l'appartement. Elle esquissait de temps en temps des sourires coupables auxquels je répondais parfois par des sourires forcés.

Dans l'après-midi, je m'étais cocaïné la tronche pour ne plus y penser, et ç'avait été efficace. J'étais de nouveau dans l'urgence du moment, j'allais bientôt briller comme un soleil, leur montrer, à tous, comme j'étais important. J'allais tout effacer en une apparition télé, rejoindre ma nouvelle famille, celle des gens qui comptent, prendre les rênes de ma destinée et foncer tout droit vers la postérité. J'allais être connu et reconnu, je pouvais tout faire, tout réussir.

Ma mère est sortie rejoindre son jules. Son petit air embêté sur le départ cachait maladroitement sa légèreté. Légèreté de s'être débarrassée de petit secret, de commencer sa nouvelle vie de pilier de piano, lavée de ses remords. Dans tout ça, elle continuait pas mal à se foutre de moi, la seule différence, c'est qu'à présent je savais pourquoi.

Hélène est arrivée de l'hôpital quelques minutes seulement après son départ. Elle a déboulé dans le salon en poussant un petit cri aigu qui m'a fait sursauter. Je ne l'avais pas vue aussi joyeuse depuis longtemps. À bien y réfléchir, je ne l'avais *jamais* vue aussi joyeuse.

– On a retrouvé sa famille !...

Au moment où je perdais la mienne, ça m'a filé un coup.

– ... Enfin, on est sur une bonne piste, je crois.

– Qu'est-ce que tu racontes ?

– On a reçu un coup de fil du consulat d'Angleterre cet après-midi à l'hôpital. Ils disent que sa grand-mère cherche à le joindre depuis plusieurs jours !

Elle s'est précipitée vers l'autiste, s'est agenouillée devant lui et lui a pris les mains.

– On a retrouvé ta famille, David, *we found your family !...*

– Qu'est-ce que c'est que ces conneries ?

– Gontran ! C'est merveilleux, tu ne te rends pas compte ? J'ai parlé à sa grand-mère aujourd'hui. Il a une famille ! Ça veut dire qu'on va pouvoir le guérir...

Elle lui a caressé les mains. Mon cœur s'est emballé, je n'y comprenais plus rien : *merveilleux, grand-mère, famille... guérir* ! ?

Je me suis avancé vers elle et je l'ai tirée par le bras pour l'éloigner de l'autiste. On s'est assis côte à côte sur le canapé.

– Comment tu peux en être aussi sûre ? Et qu'est-ce que t'entends par *le guérir* ?

Elle m'a raconté sa conversation en détail. Elle continuait à sourire à pleines dents et jetait régulièrement des coups d'œil bordés d'émotion en direction de l'autiste.

Le consulat d'Angleterre l'avait appelée dans l'après-midi pour lui dire qu'une infirmière d'une maison de retraite de Londres essayait de la joindre. Une de leurs résidentes, une certaine Angela Brown, n'arrêtait pas de répéter à qui voulait bien l'entendre que son petit-fils passait à la télévision. Au début, l'infirmière n'y avait pas prêté beaucoup d'attention ; elle était habituée aux délires de certains résidents. Quand elle avait compris qu'il s'agissait de l'égérie du parfum *Deus,* et que les médias insistaient sur ses pathologies et le mystère qui entourait son identité, elle s'était intéressée de plus près à ce que la résidente racontait. Apparemment, Angela Brown avait su se montrer persuasive : l'infirmière anglaise avait appelé le consulat, le consulat, l'hôpital, et Hélène avait rappelé l'infirmière.

Comme si elle pouvait lire dans mes pensées, elle a tout de suite enchaîné :

– Je lui ai demandé si elle pouvait me parler d'un signe distinctif. Je lui ai raconté l'appel à témoins qu'on avait passé ici et les milliers de faux témoignages qu'on avait reçus. C'est là qu'elle m'a parlé de la cicatrice… Gontran, c'est sa grand-mère, j'en suis sûre !

– Tu parles ! C'est sûrement une coïncidence, un coup de chance.

– Elle m'a passé sa grand-mère, Gontran. Je lui ai parlé, je sais qu'elle dit la vérité, je le sens ! Elle m'a raconté que quand il était enfant, il avait été attaqué par un jaguar qui l'avait blessé dans le dos. Tu as vu ses cicatrices ? Trois longues griffures ! Ça ne te dit rien ?

– N'importe quoi ! Un jaguar ? Pourquoi pas le monstre du Loch Ness pendant que tu y es !

Ça m'avait d'abord soulagé d'entendre une connerie pareille. Un jaguar ! Et puis, au moment où je l'ai dit, j'ai repensé à la Jaguar de mon père. Jaguar, le fil conducteur… le fil d'Ariane qui conduit hors du labyrinthe, loin du Minotaure. Loin du mensonge pour moi, loin de moi pour David. La coïncidence était si énorme que j'ai su que c'était vrai. Un tel hasard n'existe pas. J'ai eu peur.

– Pourquoi tu dis que tu vas le guérir ? Guérir de quoi, d'abord ?

– Si ce que dit Angela Brown est vrai, si c'est son petit-fils, ça signifie qu'il n'est pas autiste… J'en étais sûre !

– Mais alors ! ?…

J'ai repensé à son regard, à Catherine Roux, à Lulu Mae, à ma gifle, à tout ce que je lui avais fait faire. Mes mains se sont mises à trembler, je les ai serrées.

– … Tu veux dire qu'il est conscient ?

Hélène a confondu ma terreur avec de la surprise. Elle m'a pris les mains comme si elle voulait m'assurer que je ne rêvais pas.

– Je crois qu'il est simplement en état de choc depuis qu'on l'a trouvé…

Un état de choc, je me suis senti solidaire.

– … La dernière fois qu'Angela Brown l'a vu, juste avant qu'on nous l'amène, il allait encore bien. Je ne sais pas ce qui s'est passé, ni pourquoi on l'a retrouvé à Paris, mais les états de choc sont temporaires… Peut-être que si on le ramène, s'il voit sa grand-mère, tout redeviendra normal.

Elle s'est agenouillée devant moi et m'a caressé le visage.

– Faisons le voyage ensemble, Gontran, tous les trois.

Non, non, non ! Normal, ce n'est pas bien…

– C'est impossible… On passe à la télé demain. Lenoir nous a programmés.

– Oublie la télé, Gontran, je t'en prie, on s'en fout. Écoute, je ne t'ai jamais rien demandé, mais là, c'est différent. Je t'en supplie, faisons le voyage ensemble, viens avec moi…

Il y avait quelque chose de définitif dans sa voix, dans sa supplication. Comme si elle m'offrait une dernière chance, comme si ce voyage pouvait tout racheter. Je crois que j'ai hésité. J'aimerais croire que j'ai hésité. Mais j'étais si près du but… et j'avais peur.

– C'est impossible, bébé…

Je l'ai dit tristement et fermement. Comme si je lui annonçais que j'allais sauter d'une falaise, que rien ne pouvait plus me retenir, que mon destin était de tomber dans le vide et de m'écraser.

– … C'est trop tard pour changer la programmation de l'émission. Vas-y, toi. Va vérifier ce qu'elle raconte, cette Mme Brown.

Elle s'est relevée lentement et a lâché ma main. Je n'osais plus la regarder.

19.

Hélène était déjà partie pour Londres quand je me suis levé. Elle m'avait laissé un mot sur la table de la cuisine : « Je t'appelle de là-bas, bonne chance pour ton émission. » Le mot n'était pas signé. Pas de *je t'aime*, rien. J'avais mal au bide.

J'ai tourné autour de l'autiste en l'observant comme une bête de cirque. Toujours le regard perdu, le mutisme, cette beauté écœurante. Rien n'avait changé. Rien, sauf ma peur.

J'ai appelé le dealer.

Le jules de ma mère était passé la prendre pour déjeuner. Ils avaient prévu de faire un tour en bateau-mouche et s'étaient programmés ensuite pour le piano-bar dans la soirée.

– Je suis vraiment triste de ne pas pouvoir te regarder à la télé ce soir, avait-elle dit avant de sortir. Tu l'enregistres, j'espère ?

Casse-toi ! avais-je eu envie de lui répondre, mais je me sentais étriqué par l'angoisse, je n'avais même plus l'amplitude nécessaire pour me mettre en colère.

Vernier m'a appelé dans l'après-midi pour me reparler de Dubaï. Le représentant du fils de l'émir insistait lourdement sur la présence de l'autiste à sa table. Les enchères étaient montées jusqu'au million. Vernier était comme un fou, je l'ai envoyé balader.

Vers 18 heures, j'ai appelé un taxi et je me suis rendu avec l'autiste à Boulogne où se déroulait l'émission. Je ne ressentais aucun plaisir dans la démarche, aucune excitation.

Ils nous ont installés dans une loge avec champagne et petits-fours. Je n'ai pas touché aux petits-fours, mais je me suis descendu la bouteille pour me calmer.

On devait être les derniers invités à passer et on nous avait remis un programme : maquillage à 21 h 30, entrée sur le plateau une heure après. Ça nous laissait presque trois heures.

Mon ventre était au plus mal. Lenoir a passé une tête vers 20 h 30 et nous a souhaité bonne chance. Il a dû remarquer que j'avais mauvaise mine : il est entré et s'est assis à côté de moi.

– Ne te fais pas de mouron, ça va bien se passer. C'est toujours impressionnant la première fois.

Je lui ai dit que tout allait bien et je me suis collé le nez dans la poudre dès qu'il est ressorti pour faire en sorte que ce soit vrai.

Je me suis enfilé plus d'un gramme en deux heures. Je ne pouvais presque plus desserrer la mâchoire quand on est arrivés au maquillage. La fille qui s'occupait de moi a eu beaucoup de mal à me redonner un aspect normal : le fond de teint coulait au fur et à mesure qu'elle l'appliquait tellement je transpirais. Mes pupilles dilatées ôtaient à mon regard le peu de douceur qu'il possédait. J'avais l'air d'un psychopathe. Elle a fini par me coller une couche de poudre mate en priant pour que ça tienne.

Le reste s'est déroulé comme dans un rêve éveillé, ou plutôt un cauchemar dans lequel je me voyais faire les choses sans avoir de prise sur elles. Il y a eu un jingle pendant qu'on m'accrochait un micro sur le devant de ma chemise et un boîtier sur la ceinture, tout le monde s'agitait comme des mouches autour de moi. J'ai entendu mon nom et celui de l'autiste, et une petite brune avec un casque sur les oreilles nous a poussés sur le plateau. Je me voyais avancer sous les projecteurs aveuglants, le public applaudissait, j'entendais des hordes de filles hurler « Daviiiid ». J'avais chaud. J'avais tellement chaud.

On s'est assis autour de la console des invités. Bully m'a jeté un regard amusé.

– Ben alors, Gontran, on a un petit coup de chaud ?

Les gens ont ri. Je dégoulinais.

Un mec avec un casque sur les oreilles a rampé vers moi pendant que Lenoir continuait sa présentation en envoyant des images de l'autiste avec la Triggiani et de la campagne *Deus*.

Le mec aux écouteurs, toujours allongé par terre, a orienté un ventilateur face à moi et l'a bloqué. Je me suis pris un coup de sirocco sur la tronche. J'ai nerveusement jeté un coup d'œil sur le moniteur de contrôle : mes cheveux se dressaient sur ma tête et me donnaient l'air d'un fou. Je continuais à transpirer à grosses gouttes.

Lenoir venait de terminer son pitch quand Bully est intervenu : il a ressorti sa blague de l'autre jour en insultant l'autiste de la part de tous ceux qui s'étaient pris des râteaux avec les gonzesses. Lenoir a ri comme s'il l'entendait pour la première fois, le public a ri, les filles l'ont hué, je ne pouvais plus desserrer les dents.

Lenoir a changé de fiche et s'est adressé à moi.

– Bon, alors, Gontran, tu es le manager de David. Après une enfance sans histoire en Vendée, tu montes à Paris, et là tu rencontres Hélène, infirmière en psychiatrie. Tu t'emmerdes dans ton boulot de voyagiste, alors tu décides de devenir paparazzi !

Il a baissé sa fiche et a regardé Bully.

– Quelle drôle d'idée quand même, le mec ! Il se réveille un matin et il se dit : « Tiens ! Et si je devenais paparazzi ? »

– *Paparazzo !* C'est mieux, ça rime avec « p'tit rigolo », a répondu Bully.

Le public s'est marré. J'ai réalisé avec horreur ce qui allait me tomber dessus. Lenoir a repris son pitch.

– Ouais, bon ! Alors, ensuite c'est la galère… jusqu'au jour où ta copine te demande de passer à Sainte-Anne, parce qu'ils ont trouvé un autiste dans la rue et qu'ils cherchent un photographe pour préparer un appel à témoins, c'est bien ça ?

Tout ce que j'ai pu faire, c'était hocher la tête. Bully est intervenu :

– Desserre les dents, Gontran. Tu vas voir, ça va passer tout seul.

Le public s'est marré. J'ai regardé l'autiste. Il était calme… et sec. J'aurais juré qu'il m'ignorait exprès. Lenoir a continué.

– Bon, alors, la suite, on la connaît : l'appel à témoins déclenche les passions, la une de *Paris Match*, de *Elle*, David devient une légende dans le monde, campagne de parfum, et pendant ce temps-là tu t'en fous plein les poches !

Bully a pris le relais d'un ton neuneu :

– Meuh non ! Il fait ça pour aider David, uniquement.

– Hé, franchement, Gontran, t'y as pensé tout de suite ? T'as tout de suite vu qu'il pourrait être une pompe à fric ? a poursuivi Lenoir.

Je n'arrivais plus à déglutir, je me suis lancé quand même :

– Non ! Bien sûr que non, je faisais ça pour aider ma femme.

Ma réponse s'était péniblement frayé un chemin entre mes dents serrées. Avec le micro, on aurait dit un marmonnement incompréhensible. J'ai prié pour ne plus avoir à répondre que par oui ou non.

– Alors, justement !... C'est marqué dans ma fiche que tu as fait ta demande en mariage dix jours avant que ta copine devienne tutrice de David. Plutôt malin, non ?

– Juste une coïncidence.

– Ouais, ouais, bien sûr...

Bully a repris :

– Non, non, chérie, je ne t'épouse pas pour ton autiste...

Lenoir a continué :

– Franchement, Gontran, tu l'aurais fait s'il avait été moche ?

Je n'ai rien répondu. Des gouttes de sueur me coulaient du nez et du menton à intervalles réguliers.

Je devais avoir l'air vraiment blême, ou alors Lenoir a reçu des directives dans son oreillette. Peut-être que les téléspectateurs commençaient à zapper sur les autres chaînes tellement je faisais peur à voir. En tout cas, il a enchaîné sans transition.

– Bon, Gontran, je vais te faire l'interview *success story,* d'accord ? Tu réponds juste par « plus » ou par « moins », OK ? Attention : jingle !

Pendant le jingle, la lumière s'est tamisée, le plateau est devenu sombre, un projecteur bleuté s'est braqué sur moi. J'ai essayé d'attraper le verre d'eau devant moi, il glissait tellement dans ma main que je n'ai pas osé le porter à ma bouche.

– Tu as encaissé cent mille euros pour la une de *Paris Match* !

– Ce n'est pas moi qui ai encaissé...

– Attention, Gontran ! Juste par « plus » ou par « moins » !

– Moins.

– Tu as depuis emménagé au cœur de Paris dans un appart de cent mètres carrés !

– Plus.

– Tu as couché une fois avec Benedetta Triggiani !

– … Moins.

– Tu déconnes ! ?…

Il a fait un clin d'œil à la caméra, tout le monde s'est esclaffé, et il a repris :

– Attention !… Tu as empoché un million d'euros pour la campagne G&B !

J'ai hoché la tête. Je ne savais plus quoi faire. Je voulais juste que ça se termine, vite. Je n'en pouvais plus, j'avais le ventre serré, acide, il faisait chaud, j'avais la nausée.

– Un million ! ?… Ah ouais ! Pas mal…

Bully a répété :

– Non, non, chérie, je ne t'épouse pas pour ton autiste…

Cette fois-ci, tout le monde a ri.

– Tu t'es fait cent mille euros en revendant en douce des photos de toi et de David à *Voici* !

– … Moins.

– Ah ouais ? J'aurais dit « plus », moi… Allez ! Dernière affirmation !…

Il a levé le bras en l'air pour faire taire le murmure qui s'était mis à enfler dans l'audience. Il a souri en regardant sa fiche et a lancé d'un ton plus grave :

– Tu as vendu son sperme à une riche héritière pour cinquante mille euros !

J'ai fixé Lenoir, paniqué. Il a froidement soutenu mon regard. Bully a enchaîné :

– Attention, Gontran… il a tout sur ses fiches !

Lenoir a souri. Je me suis senti attiré par le vide. J'ai sauté du haut de la falaise :

– … Plus.

Le public a fait « Ooh ! » J'ai vomi le champagne dans un grand bruit liquide.

J'ai eu juste le temps d'entendre Bully s'exclamer :

– C'est bon, les gars, on passe au zapping !

Et puis plus rien.

Le problème avec le direct, c'est qu'on ne peut rien censurer.

On m'a guidé vers les coulisses. Je tournais de l'œil : un technicien devait me tenir par le bras et pousser l'autiste en même temps. J'entendais au loin Lenoir qui m'excusait auprès des téléspectateurs, Bully a dit une dernière blague que je n'ai pas saisie, mais à entendre les réactions du public, j'ai dû prendre cher.

Dès que j'ai eu repris mes esprits, je me suis enfui avec l'autiste sans demander mon reste.

De retour à l'appartement, je suis resté un bon bout de temps assis par terre dans le couloir, la tête entre les mains. J'aurais voulu pleurer, mais je n'avais plus une goutte, j'avais transpiré ou vomi tout le liquide que j'avais de disponible.

J'avais confusément envie de mourir, ou plutôt de n'avoir jamais existé, question de courage. Je suis resté comme ça, hagard, pendant un long moment. Et puis il y a eu comme une décharge dans ma tête, j'ai poussé un cri, mes bras sont partis dans des mouvements déments que je ne contrôlais plus. J'ai arraché mes vêtements comme s'ils me brûlaient, comme si ma honte pouvait se retirer avec.

Je me suis retrouvé nu, et ça ne suffisait pas, je me suis jeté à plat ventre et je me suis frotté contre la moquette, de toutes mes forces. J'ai continué à me brûler le bide en rampant vers la salle de bains, la tête contre le sol.

Ramassé au fond de la baignoire, j'ai étouffé longtemps les cris qui s'échappaient de mes tripes jusqu'à ce que l'eau brûlante recouvre mes genoux. J'ai mis longtemps à me calmer.

À ma sortie du bain, l'eau était froide, j'étais somnambulique. J'ai ramassé mes lambeaux de fringues, mon portable est tombé, je l'ai allumé par automatisme. Trois messages.

Le premier était d'Hélène :

« Gontran !... Je sais que tu dois être en pleine émission, mais je ne peux pas attendre. C'est *elle*, c'est sa grand-mère, j'en suis sûre ! On a retrouvé sa famille... Il s'appelle Adam, Adam Brown. Oh ! Gontran, c'est incroyable ! J'ai appris tellement de choses sur lui... Angela est très gentille, on a passé la journée ensemble. Son histoire est incroyable, Gontran ! Enfin, celle de David... d'*Adam* !... C'est le fils de Suzanna Brown, la fille d'Angela... sa grand-mère. Suzanna est tombée enceinte quand elle étudiait pour devenir anthropologue... Un amour de vacances, d'après ce que j'ai compris, un Français ! Tu imagines ?... Enfin, bref, elle a décidé de le garder et de l'élever toute seule... Après son diplôme, elle est partie en mission, en Amazonie... Elle a emmené Adam avec elle, il avait à peine quatre ans. Ensuite... »

Il y a eu un long bip.

Pendant que la voix mécanique de l'opératrice m'annonçait le deuxième message, je suis allé m'asseoir dans un coin du salon. Je n'avais pas allumé. L'autiste était assis à sa place, dans la pénombre, les lumières de Beaubourg se reflétaient sur son visage et lui donnaient un air irréel.

« C'est encore moi, je prends toute la place sur ton répondeur... » Elle a ri. « Bref, je vais faire court, je t'expliquerai tout demain quand je rentrerai... Mais je suis tellement heureuse, j'ai tellement envie de le raconter à quelqu'un... OK, brève !... Donc, je disais qu'il a grandi là-bas, il a passé toute sa vie en Amazonie avec sa mère... C'est vrai, l'histoire du jaguar ! Il n'était qu'un enfant quand ça s'est passé... Tu te rends compte ?... Qu'est-ce que je disais ?... Oui, en arrivant là-bas, Suzanna s'est passionnée pour la tribu qu'elle étudiait, et a décidé de vivre avec eux et de se battre pour leurs droits, elle était très active au sein d'une organisation basée à Manaus, au Brésil… D'après ce que j'ai compris, l'an dernier, il y a eu un… accident… qui a coûté la vie à sa mère. Angela Brown n'y croit pas, elle pense que c'est un coup des chercheurs d'or… Bref, c'est là qu'il est rentré en Europe, il est venu retrouver sa grand-mère. Ensuite, il s'est rendu à Paris pour tenter de retrouver son père, et puis il n'est jamais revenu… Je crois vraiment que c'est juste un état de choc, Gontran. Je vais revenir ici avec lui, je suis sûre que… »

Un long bip.

C'était la fin. La fin de moi.

Le troisième message s'est enchaîné :

« Salut, c'est Hervé. Je sais que tu me fais la gueule, mais je voulais quand même te dire que j'ai trouvé ça dégueulasse, ce qu'ils t'ont fait, Lenoir et Bully. Des beaux salauds, si tu veux mon avis… La pauvre Hélène, qu'est-ce qu'elle a dû penser ?… Bon… rappelle-moi à l'occase, OK ? »

Le bip. Final.

J'ai regardé l'autiste longuement, sans bouger, tapi dans le noir. Il allait sortir de ma vie et tout reprendre avec lui, il ne me laisserait que la honte. La honte.

« La pauvre Hélène, qu'est-ce qu'elle a dû penser ? »

Les questions de Lenoir résonnaient sous mon crâne. J'imaginais la tête d'Hélène quand elle tomberait sur la rediffusion. Autant dire que ce n'était pas beau à voir, et encore, je manquais sûrement d'imagination.

Je ne pouvais plus bouger. J'avais touché le fond, rien ne pouvait être pire.

J'ai soufflé du nez et esquissé un sourire malgré moi en pensant que si, justement, ça pouvait être pire : elle aurait pu trouver les photos de l'hôpital, et au moment où cette idée m'a traversé l'esprit, j'ai su. Je ne pourrais pas expliquer comment je pouvais en être aussi sûr, je *savais*, c'est tout. Je me suis quand même levé pour vérifier dans le placard : Hélène était bien partie avec ma valise, celle qui contenait les photos de Catherine Roux et de l'autiste.

Un rire désespéré est sorti de moi quand j'ai repensé à la photo prise à bout de bras, de l'autiste et de moi, de mon ignoble rictus, de mon vrai visage.

J'ai réveillé Vernier et je lui ai demandé le numéro du fils de l'émir.

20.

Je ne voulais pas penser à après. Je ne pouvais pas.

Je tournais en rond dans l'aéroport en flippant dès que je croisais un flic. Pire encore, j'imaginais Hélène dans chaque silhouette.

J'avais embarqué l'autiste au petit matin, ma mère dormait toujours. J'avais laissé un mot sur la table à l'intention d'Hélène : « On part quelques jours, ne t'inquiète pas. » Je pensais que ça me ferait gagner un peu de temps, qu'elle attendrait que je revienne pour…

Pour quoi ?

Je ne voulais pas penser à après, je ne pouvais pas.

Ça me compressait la poitrine et m'empêchait de respirer. Un million d'euros, sur mon compte, à mon nom, voilà ce à quoi je pouvais penser, juste à ça. Vernier ne me pardonnerait pas de l'avoir court-circuité, d'avoir mis le contrat à mon nom propre, mais le million d'euros qui venait d'être viré le matin même sur mon compte me rassurait.

On est montés dans l'avion. Le temps d'apprécier que la première classe, c'était la grande classe, je me suis endormi, ou plutôt évanoui.

Je me suis réveillé juste avant l'atterrissage, l'autiste somnolait.

L'autiste… Adam Brown. Qu'est-ce qui se passe quand on sort d'un état de choc ? Est-ce qu'on se souvient ?

Un million d'euros sur mon compte, à mon nom. Ne penser qu'à ça. Je me suis souvenu de ce qu'avait dit Vernier : il arrive, il mange, il flatte, et hop ! De retour à Paris.

Ça n'avait rien d'un crime.

La chaleur m'a cueilli à la descente de l'avion. Le contraste avec la climatisation était violent, j'ai réalisé que je n'avais rien mangé depuis deux jours.

En pénétrant dans le hall des arrivées, j'ai cru pendant un moment que j'étais coincé dans une pub pour Le Chat Machine : tous ces draps blancs et ces torchons d'un seul coup, hallucinant. Ce dépaysement vestimentaire avait un avantage : je ne pensais plus à Hélène.

À la sortie des douanes, un personnage tout droit sorti de *Tintin au pays de l'or noir* nous attendait avec une pancarte à mon nom. Il parlait anglais, ça m'arrangeait, je n'avais pas envie de lui faire la conversation. J'ai fait celui qui ne pipait pas un mot.

Il nous a fait signe de le suivre et il nous a ouvert la porte d'une sorte de tank aux vitres fumées. J'ai dû m'y reprendre à deux fois pour grimper dedans. On a traversé la ville au pas, dans un trafic qui n'était pas sans rappeler celui de Paris. L'architecture de la ville était démente, à la hauteur de la démesure de ses hôtes.

Un million d'euros.

Au bout d'une bonne heure, on est sortis de la ville et j'ai vu se profiler au loin un voilier gigantesque tout illuminé. Un truc de dingue. On s'est approchés et j'ai percuté que le voilier était en dur : un bâtiment colossal en forme de voile, posé au milieu de la mer. On a pris un pont qui reliait la côte au bâtiment. Abdallah a arrêté le tank et nous a fait descendre. Il nous a ensuite guidés dans le hall jusqu'à l'accueil.

J'ai été pris de vertige en pénétrant dans l'enceinte : j'étais dans la caverne d'Ali Baba. Tout paraissait doré à l'or fin :

une gigantesque grotte des mille et une nuits, majestueuse, scintillante et finalement assez laide. On se serait crus à l'intérieur d'une termitière géante, une termitière cotée en bourse. Impressionnant.

Il a parlé à une fille de la récéption en arabe, il nous a salués et il s'est tiré.

– Bienvenue au Bourge Arabe, messieurs !

Ils étaient en dessous de la vérité : c'était plus que bourge, c'était royal. La fille a fait un signe de la main à l'intention d'un groupe de valets et m'a remis une enveloppe et une clef magnétique. C'était marqué *Burj Al Arab* sur la clef. Je me suis marré tout seul de ma méprise. Ça m'a fait du bien, ça faisait longtemps.

Le type à qui elle avait fait signe a pris mon bagage, nous a fait monter dans un ascenseur qui me paraissait en or massif et nous a guidés vers notre suite.

Ils devraient fournir des lunettes de soleil et de l'écran total avant qu'on entre. Entre le marbre et les dorures, la lumière se reflétait dans tous les coins, éblouissante.

J'ai visité la suite en sifflant : salon spacieux, salle à manger, bureau, le tout surchargé de mobilier clinquant. On se serait crus chez Greg le millionnaire, je m'attendais à voir surgir une Bachelorette d'un moment à l'autre, une flûte de champagne à la main.

La suite s'élevait en duplex. À l'étage, la salle de bains me rappelait une visite à Versailles. Je me suis enfoncé de quelques centimètres en marchant sur la moquette bleu marine d'une des chambres à coucher, je me suis jeté sur le lit sans défaire les draps et je suis tombé dans un sommeil profond, comme une merde.

ADAM BROWN

Il a espéré que le voyage en avion le ramènerait chez lui. Il l'a espéré follement, naïvement, se rend-il compte à présent.

Il demeure longtemps interdit, planté dans les hauteurs de ce monstre d'architecture où chaque détail, chaque ornement semble avoir été coulé dans de l'or fin.

Le nez collé à la baie vitrée, il observe la ville qui s'étale au loin, menaçante, surgie du néant aride comme par le truchement d'un enchantement maléfique. Jamais il n'a eu une compréhension plus précise de ce contre quoi sa mère a toujours voulu le protéger.

Il accepte enfin qu'on puisse mourir en essayant d'empêcher cela. Il accepte aussi, au même instant, de dédier le reste de sa vie à cela.

Une seule question subsiste encore : comment faire pour retourner là-bas ? Il ne sait même pas dans quelle partie du monde il se trouve actuellement. Il ferme les yeux et prie pour que les Esprits lui indiquent le chemin.

La dernière fois qu'Adam Brown a invoqué les Esprits, ceux-ci se sont manifestés sous l'apparence d'un serpent. C'était le jour du massacre, juste après qu'il eut rattrapé les mangeurs de terre, alors en route pour Makayu.

Ce souvenir l'attire. À contrecœur, il s'y rend.

Comme tous les matins, Adam et Liriwë s'apprêtent à partir à la chasse quand Iramari interpelle Adam.

– Regarde ton fils !

Hutyoma se tient fébrilement debout, accroché aux doigts de sa mère. Adam s'accroupit face à eux et leur tend les bras. Hutyoma produit un sourire largement édenté et lance maladroitement son pied en avant. Il semble à la fois étonné de trouver le sol au bout de ce mouvement et conforté d'y sentir un appui. Il parvient ainsi à faire deux autres pas chaloupés. Adam le soulève pour l'embrasser et le tend vers le ciel comme une offrande.

– Hutyoma est un homme à présent ! Il vient avec nous à la chasse.

Liriwë pousse un grognement et s'éloigne. Iramari se contente de rire et reprend Hutyoma dans ses bras.

Adam regarde sa femme et son fils, tendrement liés dans leur étreinte, savoure la plénitude que cette image lui inspire, puis tourne à son tour les talons pour rejoindre Liriwë.

Le soleil est déjà haut dans le ciel quand ils retournent au village.

Ils sont surpris d'y trouver toute la communauté regroupée en cercle au centre du shabono et se fraient un passage pour voir ce qui les réunit.

Kopewana est agenouillé à côté d'un leader de la tribu de Makayu et lui panse le bras. Le leader, couvert de sang, est visiblement choqué. Allongé sur une natte, il tremble.

Kopewana lève les yeux sur Adam et secoue la tête, l'air résigné. Iramari, le visage tendu, se faufile jusqu'à lui en portant leur fils dans ses bras et lui prend la main. Hutyoma, trop petit pour percevoir l'inquiétude qui unit le groupe, manifeste sa joie à retrouver son père en lui attrapant le nez.

Liriwë s'avance finalement, plante sa lance dans le sol et scrute le jeune leader de Makayu d'un œil méfiant.

– Que fait-il ici ?

La question s'adresse à Kopewana. Ce dernier termine son pansement et se relève péniblement. La résignation, lisible sur son visage, ajoutée à l'effort soutenu qu'il doit fournir pour se mettre debout, accentue son grand âge. Il paraît avoir cent ans.

– Il faut réparer le sacrilège, ânonne-t-il en ne s'adressant à personne en particulier.

Il avance fébrilement et lève les bras à la manière d'un somnambule pour se frayer un passage. Le cercle se rompt dans un murmure. Liriwë lui emboîte le pas, Adam le suit.

– Il faut réparer le sacrilège, répète Kopewana d'une voix éthérée, il faut empêcher Poreana de s'abattre sur nous…

Il poursuit en marmonnant des phrases incompréhensibles desquelles se détachent plus distinctement « Génies de la forêt », « colère » et « harmonie ». Il ne fait aucun cas de Liriwë ni d'Adam, qui le serrent pourtant de près.

Adam finit par allonger le pas et se retrouve face au vieux shaman. Ce dernier s'immobilise enfin et lève les yeux. Adam est troublé d'y déceler une tristesse immense et, toujours, cette résignation si inhabituelle. L'absence soudaine de sérénité marque ses traits plus que les années.

Kopewana lève la main jusqu'au visage d'Adam et la pose sur sa joue.

– Le temps est venu. Ada doit se préparer.

– Me préparer à quoi ? Que se passe-t-il, Kopewana ? Parle.

– Les Génies m'ont prévenu que ce jour arriverait. Il faudra être courageux. Ada ne doit jamais oublier que son âme est claire. Ne la laisse pas s'assombrir par la colère. Quoi qu'il arrive. Souviens-toi.

Il tapote plusieurs fois sa joue, tendrement, et s'éloigne en marmonnant encore une fois qu'il faut réparer le sacrilège.

– Adam !

Suzanna Brown s'approche de son fils d'un pas pressé en brandissant un papier.

– Il faut empêcher ça !

Elle agite le papier dans l'air. Adam le prend dans ses mains mais ne parvient pas à le déchiffrer.

– Qu'est-ce que c'est ?

– C'est un mot qui dit : « Occupez-vous bien de ces fils de putes ! L'opération a commencé. »

Elle lui a répondu dans la langue de l'autre monde. À ce signal, Liriwë retourne vers le centre du shabono pour obtenir des informations qu'il pourra comprendre.

– Je ne comprends pas. Qu'est-ce que ça veut dire ? Qui a écrit ça ?

– Les garimpeiros ! Ils sont en route pour Makayu... Oh ! Mon Dieu !

Adam n'a jamais connu sa mère si nerveuse. Il l'accompagne tandis qu'elle va s'asseoir avant de l'interroger. Elle parle en se tordant les mains.

Le jeune leader de Makayu était arrivé blessé au bras par un coup de fusil. Il portait ce message sur lui. Un message en portugais qui leur était incompréhensible, destiné au campement des orpailleurs, plus au nord.

Très tôt, le matin même, une délégation composée de six chasseurs de la tribu de Makayu s'était rendue au campement des orpailleurs situé près d'Homoxi.

Ils étaient en colère. Après l'épidémie de malaria qui avait décimé vingt-neuf membres de leur communauté l'an dernier, une nouvelle épidémie faisait rage et s'en prenait aux enfants. La grippe, avait conclu Suzanna d'après les symptômes qu'il avait décrits. Le fleuve aussi était malade, les poissons autrefois si abondants se faisaient plus rares chaque jour. Conscients que les mangeurs de terre, de plus en plus nombreux sur les abords du fleuve, étaient responsables de tous ces maux, ils avaient demandé réparation. Ils avaient exigé du manioc, des hameçons et des fusils pour chasser.

Les orpailleurs, qui savaient qu'un déni de leur part constituerait une grande démonstration d'hostilité, s'étaient contentés de leur remettre ce mot à l'attention du campement plus au nord, les assurant qu'ils trouveraient là-bas ce qu'ils étaient venus chercher.

Ils s'étaient mis en route en direction d'Homoxi, mais n'avaient pas tardé à se faire rattraper par trois garimpeiros armés, qui avaient déclaré avoir changé d'avis et leur avaient proposé de les accompagner jusque là-bas.

Alors qu'ils s'enfonçaient dans la forêt en file indienne, le jeune leader, porteur du message et dernier de la file, s'était arrêté pour déféquer. C'est ce qui lui avait sauvé la vie.

Il s'était précipité dès qu'il avait entendu les détonations et avait trouvé ses cinq compagnons étendus sur le sol dans un bain de sang.

L'un des garimpeiros avait rechargé son fusil et l'avait visé dès qu'il l'avait vu s'approcher. Par chance, la balle lui avait seulement traversé le bras.

Il avait détalé en courant. Sa fuite l'avait amené jusqu'ici.

Suzanna se lève d'un bon en agitant le mot, comme si elle venait seulement d'en comprendre pleinement la signification.

Elle se retourne vers son fils et lui prend les deux bras.

– Ils vont attaquer les tribus de Makayu, d'Homoxi, peut-être même celle de Toumahi. Mon Dieu, mon Dieu…

Adam tente de la calmer :

– Ce n'est pas possible, il y a des enfants, des femmes, des anciens…

– Oh ! Mon cœur, tu ne sais pas de quoi ils sont capables ! Ils ne pensent pas comme nous, ils se moquent de nos codes d'honneur ! C'est écrit là, noir sur blanc, l'opération a commencé…

Elle porte sa main à sa bouche comme pour retenir un cri.

– Je le savais… Mon Dieu ! Je le savais et je n'ai rien pu faire. La dernière fois que je me suis rendue à Manaus, j'ai eu vent d'une terrible rumeur : quatre sociétés d'orpaillage avaient commandité une grande opération d'intimidation à l'encontre des tribus gênantes, celles qui les dérangent dans leur activité. J'ai même entendu dire qu'ils avaient engagé des tueurs professionnels ! J'ai prévenu le gouvernement, ils m'ont dit de ne pas m'inquiéter, qu'il s'agissait d'un excès de paranoïa, que le territoire des Yanomami était protégé par des lois… Des lois… Les imbéciles !

– Il faut prévenir le village de Makayu.

– Non, non ! Adam, mon chéri, tu ne comprends pas, ils sont nombreux, armés. Reste ici, nous n'avons jamais été en contact avec eux, nous sommes en sécurité ici… J'irai à Manaus dès demain, j'irai prévenir les autorités, je leur dirai que…

– Il faut prévenir le village de Makayu.

Suzanna comprend alors qu'elle ne parviendra pas à le convaincre de rester. Pour la première fois, elle pleure devant son fils.

– Je n'aurais jamais dû t'emmener ici avec moi, c'est trop dangereux. J'aurais dû te laisser en Angleterre, avec ta grand-mère…

– Pour que je leur ressemble ?

Suzanna se laisse aller à sangloter. Adam serre sa mère tendrement.

– Je pars pour Makayu. Je serai prudent.

Il s'éloigne de quelques pas, puis fait demi-tour. Il dépose un baiser sur son front et la serre dans ses bras une nouvelle fois.

– Merci. De m'avoir gardé près de toi. De m'avoir permis d'être un fils de la lune.

Liriwë, qui a eu la même idée, a déjà rassemblé trois chasseurs autour de lui.

Adam les rejoint juste après s'être arrêté auprès d'Iramari et de son fils. Il les a embrassés en souriant pour qu'ils ne s'inquiètent pas et leur a intimé de ne pas bouger d'Haximu où ils sont en sécurité.

Avant de se mettre en route, il balaie du regard le shabono, à la recherche de Kopewana. Liriwë l'informe qu'il est déjà parti, accompagné du jeune leader blessé de Makayu.

– Ils sont allés réparer le sacrilège des Nabe, précise-t-il froidement.

Et il donne le départ en s'éloignant.

Après avoir marché en silence à pas rapides pendant un peu plus d'une heure, ils entendent soudain les voix des mangeurs de terre.

Tous se cachent au signal de Liriwë.

Cinq garimpeiros, fusil sur l'épaule et machette à la main, avancent en parlant bruyamment. Un homme en habit de camouflage qui ne ressemble en rien aux autres mène la marche sans dire un mot.

L'un d'eux se prend le pied dans une racine et s'écrase par terre en poussant un cri strident qui fait hurler de rire le reste du groupe.

Il se redresse en vociférant quelque chose en portugais à l'attention de ses compagnons. Il y a un sifflement dans l'air qui le fait taire subitement, il écarquille les yeux de manière grotesque et porte la main à son cou. Il paraît surpris d'y trouver plantée une flèche, enfoncée dans la carotide, et trouve à peine le temps de regarder sa main recouverte de sang d'un air incrédule, il s'effondre de nouveau sur le sol.

Adam a sursauté. Il cherche toujours à comprendre ce qui s'est passé, quand il croise l'expression de colère sur le visage de Liriwë tourné vers le jeune chasseur qui tient encore son arc à bout de bras.

Les balles sifflent de partout.

Les garimpeiros, qui n'ont qu'une vague idée de la direction à viser, tirent aléatoirement tout autour d'eux à hauteur d'homme.

Deux des chasseurs, plus heureusement cachés, parviennent à s'enfuir. Adam, Liriwë et Piriyoma se sont tapis au ras du sol et attendent que le feu cesse pour espérer s'enfuir à leur tour.

Enfin, l'homme en habit de camouflage fait signe aux autres d'arrêter leurs tirs, et le silence reprend ses droits. Les mangeurs de terre en profitent pour recharger leurs armes, l'homme en tenue de camouflage fait des gestes de la main, et tous se mettent en ligne, fusil tendu, et avancent lentement en pointant leur arme en direction du moindre bruit.

Liriwë est le premier à bondir de sa cachette. Les balles ricochent sur les arbres sans l'atteindre et il disparaît.

Le cœur d'Adam bat si fort qu'il craint que les mangeurs de terre ne l'entendent. Il retient sa respiration quand il voit des bottes s'approcher de lui, se ramassant sur lui-même pour déguerpir, et tout se passe très vite : Piriyoma, tapi non loin, se redresse, arc tendu, l'homme en habit de camouflage tire pratiquement à bout portant et lui explose le crâne, Adam bondit en avant.

Il a à peine le temps de remarquer l'expression de surprise sur le visage du tueur, il s'abat sur lui et parvient à le renverser.

Il prend la fuite.

Il court de toutes ses forces au milieu des détonations et des cris et réussit à prendre de la distance.

Il finit par atteindre les abords de l'Orénoque et plonge sans réfléchir.

Quand il refait surface, il se sait à découvert et repense à Liriwë, des années plus tôt, traversant ce même fleuve sous une pluie de balles.

Il se rapproche de la berge et se tient immergé, laissant juste son visage apparaître à la surface pour respirer.

Dissimulé par les herbes de la berge, il attend, paralysé.

L'homme en tenue de camouflage ne tarde pas à surgir. Il est seul. Il pointe son arme à gauche, à droite, dans l'arbre qui étend ses branches au-dessus du fleuve à l'endroit même où Adam se cache, puis il s'immobilise pour écouter, courbé en deux comme un prédateur prêt à bondir.

– Tu peux te planquer, fils de pute, mais je t'aurai ! Toi et tous ceux de ta race, marmonne-t-il.

Adam se sent gagné par la terreur. Non pas la terreur d'une mort imminente, mais la terreur de comprendre ce qu'il dit, de comprendre que ce tueur qui a abattu Piriyoma quelques minutes plus tôt vient de là d'où il vient, partage sa langue maternelle et ses origines.

Refusant violemment ce rapprochement, Adam ferme les yeux et invoque les Esprits. Quand il les rouvre, l'homme est penché au-dessus de lui, appuyé sur une branche, et fouille les herbes du bout de son canon.

Il n'est plus qu'à quelques centimètres de le découvrir quand il hurle et fait un bon en arrière. Adam parvient tout juste à apercevoir le boa qui se déroule sur la branche qui servait d'appui au tueur. Ce dernier pointe son arme sur le serpent et tire.

La détonation retentit comme un coup de tonnerre, le serpent déchiqueté s'écroule sur le sol.

Alertés, les garimpeiros surgissent l'un après l'autre de la végétation et se regroupent autour de leur chef.

Ils discutent tous ensemble pendant un moment qui paraît interminable à Adam, puis ils s'éloignent.

Le tueur balaie une dernière fois la berge du regard avant de les rejoindre.

Adam demeure longtemps immergé dans l'eau, remerciant les Esprits d'être intervenus en sa faveur, luttant contre l'effroi qui le glace.

Quand il retourne sur les lieux du meurtre, Adam fouille longtemps les alentours, priant pour ne pas y trouver le corps inerte de Liriwë, le cœur bondissant chaque fois qu'il croit l'apercevoir, mais seul gît, crâne ouvert, le corps de Piriyoma.

Un peu plus loin, le cadavre du garimpeiro, face contre terre, semble n'avoir jamais tant mérité son surnom de mangeur de terre.

Adam se penche sur Piriyoma et dépose une main tremblante sur son torse.

« Il faut réparer le sacrilège. »

Il repense aux mots que Kopewana lui a adressés quelques heures plus tôt et s'efforce de repousser la colère qu'il sent monter en lui.

Il s'agenouille sur le sol, lève la tête vers les cieux et s'évade comme il peut dans la symphonie du jour qui reprend son cours, imperturbable.

Quand il se sent plus apaisé, il espère que Liriwë et ses deux autres compagnons ont pu rejoindre Makayu sains et saufs et leur laisse la charge de continuer seuls la mission.

Il prend le corps de Piriyoma dans ses bras et se met en route pour Homoxi afin d'y rejoindre Kopewana et le chasseur de Makayu.

Il est accueilli par une colonne de fumée noire, mais c'est l'odeur de chair brûlée qui lui confirme qu'il est bien arrivé à destination.

Kopawana est assis sur le sol et paraît méditer. Le chasseur de Makayu se recueille, debout devant un bûcher sur lequel on distingue encore dans les flammes les formes de ses compagnons recroquevillés en position fœtale.

Adam dépose le corps de Piriyoma devant le vieux shaman et s'assied à ses côtés, face au brasier.

Kopewana tarde longtemps à parler.

– C'est la fin de notre monde.

La résignation dans sa voix fait de nouveau frémir Adam. Il repense au désespoir qu'il a décelé plus tôt dans les gestes de sa mère, et la juxtaposition de ces deux moments serre son cœur dans un étau.

– Nous irons plus loin, là où il n'y a pas de mangeurs de terre, finit-il par dire dans une parodie d'enthousiasme qui ne trompe ni l'un ni l'autre.

– Il est trop tard. Plus loin n'existe plus. Suzanna a beaucoup protégé Ada, mais je ne sais pas si elle a bien fait. Maintenant, il faudra beaucoup de courage à Ada…

Le vieux shaman se tait, mais Adam ne souhaite pas en savoir plus. Les images qui se forment dans son esprit sont inconcevables, il lui est donc aisé de les chasser.

Après que le bûcher s'est effondré en un tas de cendres et de braises, le chasseur de Makayu collecte les os calcinés. Adam et Kopewana se joignent à lui pour les briser, et quand les ossements sont réduits en une poudre graveleuse, ils la transfèrent dans une calebasse et se mettent en route.

La forêt sombre dans la pénombre bien avant la fin du jour. Le vieux shaman fait signe d'arrêter et paraît avoir des difficultés à reprendre son souffle. Adam comprend alors qu'il n'ira pas plus loin, le chasseur de Makayu ne veut pas continuer non plus. Ce dernier pose la calebasse sur le sol et se met en quête d'un endroit protégé où ils pourront passer la nuit.

Adam ne peut pas attendre. L'image d'Iramari et de son fils l'a accompagné depuis leur départ d'Homoxi.

Cette image lui a donné la force d'oublier le poids de Piriyoma dans ses bras, d'oublier aussi le regard froid et cruel de l'homme en habit de camouflage et les mots qu'il avait prononcés.

– Je continue.

Kopewana s'approche d'Adam et pose la main sur son cœur sans autre forme d'au revoir.

Adam accélère le pas tant qu'il le peut pour profiter encore de la pénombre avant que la nuit prenne totalement possession de la forêt.

Ses muscles se tétanisent et il doit poser plusieurs fois le corps de Piriyoma à terre pour s'étirer.

L'obscurité est quasi totale quand il arrive au périmètre de chasse d'Haximu.

Normalement, la raison devrait lui dicter de s'arrêter, mais ce jour n'a rien de normal. Il lève les yeux au ciel et distingue les dernières lueurs du jour par-delà la canopée.

– Lune, n'abandonne pas ton fils maintenant, implore-t-il.

Mais la lune l'abandonne, par son absence, à son mauvais présage.

Continuer dans le noir s'avère plus difficile qu'il ne l'a estimé, mais il se trouve sur son territoire. Un territoire qu'il parcourt tous les jours depuis des années en compagnie de Liriwë et dont il connaît les moindres recoins.

Il a souvent déclaré durant les après-midi oisifs qu'il pourrait s'y promener les yeux fermés s'il le voulait, le temps est venu d'en vérifier l'exactitude.

En s'approchant du village, il craint cependant de s'être égaré : de là où il se tient, il devrait déjà apercevoir une lueur orangée nimber le shabono. Il continue quand même dans la direction qu'il a prise et sent son cœur se serrer quand il parvient enfin à l'entrée du village, plongé dans le noir.

« Ils se sont cachés » est sa première pensée, la seule qu'il s'autorise à concevoir.

Il ne se permet pas non plus de reconnaître l'odeur âpre de sang qui flotte dans l'air, terriblement présente, et préfère l'attribuer à Piriyoma.

Croyant qu'il peut aussi facilement se débarrasser de cette odeur, il pose le corps de son compagnon par terre et se concentre sur la petite lueur qui brille au centre du shabono : un peu de braise persiste faiblement dans le foyer.

Il avance à tâtons et sent une présence. Quelque chose avance à ses côtés, tout près. Il sent son souffle sur sa nuque, sa tête tout contre la sienne… L'Horreur, voilà ce que c'est, lui susurre des mots crus à l'oreille. C'est elle qui lui suggère qu'il a trébuché sur un corps sans vie quand il s'effondre par terre, et c'est pour la contredire qu'il tâtonne du pied pour vérifier.

Une branche. Ce n'est qu'une branche.

Il continue d'avancer à quatre pattes jusqu'au foyer, se concentrant de toutes ces forces sur ce qu'il a à faire : trouver des brindilles, les regrouper, les poser sur le reste de braises, souffler.

Il saisit une brindille plus grosse et en allume le bout. Il la tient près du sol en agitant son bras pour retrouver la branche sur laquelle il vient de trébucher et il la retrouve.

Ce n'est pas une branche, c'est un bras. Un bras d'enfant.

Adam lâche la brindille, qui s'éteint en touchant terre, et il se retrouve de nouveau plongé dans l'obscurité. Une obscurité cette fois-ci peuplée d'agonie, de corps inertes, sanguinolents, démembrés.

L'Horreur siffle dans son oreille et tente de s'emparer de son esprit. Il a perdu la première bataille contre elle en fermant les yeux. À présent, il comprend qu'il faut voir pour lui survivre.

Il se précipite vers le foyer en étouffant ses cris et cherche frénétiquement d'autres brindilles, des branches, qu'il parvient à trouver éparpillées et qu'il jette tour à tour dans le feu.

Les flammes ne tardent pas à s'élever, dévoilant dans leur halo les corps sans vie de ses compagnons étalés, partout, dans la clairière.

« Faire taire l'Horreur. Voir ! »

Il court jusqu'à son quartier dans le shabono pour y prendre sa torche. Il tâtonne dans l'obscurité sans rien reconnaître : tout a été bousculé, brisé, même son hamac est entortillé en boule.

Il finit par retrouver la torche éteinte sur le sol et court jusqu'au feu.

Dès qu'elle est allumée, il zigzague entre les corps pour retrouver les siens, au bord de la nausée chaque fois qu'il identifie un cadavre.

Il court au jardin, toujours la même scène : des corps criblés de balles, parfois démembrés, deux fois décapités.

Il court, partout.

Il laisse échapper son premier cri quand il découvre sa mère allongée sur le ventre, face contre terre, plus loin dans un sentier. Il reconnaît l'impact des balles dans son dos et comprend qu'elle a été abattue pendant qu'elle s'enfuyait.

Il tombe à genoux près d'elle et s'empresse de la retourner vers lui, pour qu'elle ne soit jamais comme un mangeur de terre.

Son corps désarticulé a commencé à se raidir. Il a du mal à tirer ce qu'elle tient dans la main. Il reconnaît tout de suite le petit livret qui l'emporte alors très loin dans ses souvenirs, quand il n'était encore qu'un enfant. Il revoit sa mère l'agiter devant lui et se remémore ses paroles.

– Regarde bien, Adam : ça, c'est ton passeport, ton lien avec l'autre monde.

– Ça marche comment ?

– Eh bien… en fait, ça ne sert pas à grand-chose pour l'instant, mais disons qu'il ne faut pas le perdre. S'il m'arrivait quelque chose, tu en aurais besoin.
– Mais il ne t'arrivera rien !
– Non, bien sûr que non. Mais on ne sait jamais… Peut-être qu'un jour, tu auras envie de retourner là-bas et de rendre visite à Granny ?

Adam jette le livret par terre comme s'il lui brûlait les doigts et soulève le corps de sa mère.

Pendant qu'il marche vers le village, titubant d'effroi, il s'accroche à un relent d'espoir qui parvient à lui faire accélérer le pas : il n'a toujours pas retrouvé Iramari ni Hutyoma. Ils ont dû réussir à s'enfuir, il faut les chercher, les protéger.

Il parvient à bout de souffle au village et traverse rapidement le shabono vers son quartier.

Il dépose le corps de sa mère près de son hamac, et quand il le fait, le halo de sa torche s'étend sur le sol.

C'est là qu'il remarque la main d'Iramari, qu'il découvre les jambes écartées par ce qui n'a pu être qu'un viol, la gorge tranchée l'instant d'après.

Il agite frénétiquement la torche autour de lui comme pour éloigner l'Horreur qui rôde encore, prête à le dévorer.

Il se retient de hurler quand il remarque que son hamac entortillé en boule a produit une large tache sombre sur le sol. Des gémissements lugubres s'échappent de ses entrailles pendant qu'il déroule le tissu avec des gestes frénétiques, et un long cri déchire la nuit et son âme quand il y découvre le petit corps d'Hutyoma, son fils, transpercé de coups de couteau…

Perdu dans les hauteurs de Dubaï, Adam invoque les Esprits.

Il est toujours en train de prier quand il sent quelque chose lui caresser la cheville. Il n'est pas surpris de trouver un serpent à ses pieds : les Esprits ne l'ont pas abandonné.

Bientôt, il rentrera chez lui.

21.

L'interlude extasié de la veille, de mon arrivée à l'hôtel, n'était plus qu'un souvenir quand je me suis réveillé, angoissé et affamé.

Je suis resté paralysé un long moment sur le lit. Je ne pouvais pas m'empêcher de faire des grimaces chaque fois que je repensais à Hélène. Je me suis concentré sur le moment présent, Dubaï et le million d'euros.

L'autiste, David, Adam… L'autiste – je préférais continuer à l'appeler comme ça – se tenait devant la fenêtre du salon, en bas, et se goinfrait du panorama de Dubaï. Il pouvait être content : au moins, je lui offrais ce spectacle.

J'ai allumé mon portable pour savoir l'heure qu'il était : 14 heures et dix-sept messages. Il a sonné, c'était Hélène, je l'ai éteint. Dix-huit.

Je nous ai fait monter deux repas. J'ai mangé en silence, rapidement. L'autiste n'a touché à rien, pour la première fois il n'avait aucun appétit, le dépaysement sans doute.

Après m'être rassasié, j'ai zappé sur la télé géante en évitant les chaînes françaises. J'avais peur de m'y voir dans un zapping ou même aux infos.

Un million d'euros, ne penser qu'à ça.

Plus tard dans l'après-midi, en sortant de mon bain à remous, j'ai tout à coup repensé à l'enveloppe que m'avait remise la fille de la réception et je me suis précipité pour l'ouvrir.

Le mot que j'ai trouvé à l'intérieur était à l'en-tête de Khaled Bin Jairi Al Fakkan, notre hôte, et nous souhaitait la bienvenue ainsi qu'un agréable séjour, dans un français approximatif. On était conviés le soir même à 19 heures, au restaurant du sous-sol, l'Al Mahara.

Je me demandais à quoi ça pouvait bien servir de construire un hôtel aussi grand pour se retrouver sous terre quand quelqu'un a frappé à la porte.

– Tu es Gontran ?

J'ai eu un mouvement de recul. Je m'attendais à tout sauf à me retrouver devant une sublime hôtesse de l'air. Une sublime hôtesse de l'air qui connaissait mon nom.

– Oui ?

– Salut. Moi, c'est Lisa. Je peux entrer ?

Je me suis pincé pour voir si je ne dormais pas. Elle devait faire environ deux têtes de plus que moi, elle avait des mensurations idéales, la peau cuivrée, des yeux de biche. Shéhérazade.

– Khaled m'avait chargée de m'occuper de vous à votre arrivée, seulement on m'a rajouté un vol hier à la dernière minute et j'ai juste eu le temps de passer chez moi prendre quelques affaires.

Elle a posé son sac par terre et retiré sa veste d'uniforme. Ses seins m'ont paru respirer comme après une longue apnée en se dilatant sous son chemisier.

– Ça va ? m'a-t-elle demandé.

– Très bien.

Tu parles !

– Cool. Il est pas là ?

– Qui ?

– L'homme du parfum, David.

Je lui ai fait un signe en direction du salon. Les mots avaient toujours du mal à sortir de ma bouche.

– Cool, a-t-elle déclaré sobrement.

Elle a regardé sa montre.

– … Bon, il faut qu'on soit en bas dans une heure, je peux prendre une douche ?

Je l'ai guidée à l'étage jusqu'à la salle de bains. Elle a commencé à se déshabiller direct, sans faire cas de ma présence. J'étais tellement surpris que je n'ai pas bougé, je suis resté là, à la mater.

Ce que j'avais pu deviner sous son uniforme était encore bien loin de la réalité : une vénus. Une vénus à chair dorée.

Une fois dans la douche, elle s'est retournée et m'a regardé droit dans les yeux. Apparemment, elle s'attendait à ce que je sois toujours là, à ce que je la regarde. J'étais pétrifié.

– Tu ne te prépares pas ?

– Euh… si… Si, bien sûr.

J'ai failli me ramasser sur le marbre en détalant.

J'ai enfilé mon costume tant bien que mal. Mes mains tremblaient d'excitation. J'ai sorti le costume de l'autiste et je suis allé le rejoindre en bas.

J'avais des images de Lisa, nue, plein la tête quand je l'ai attrapé par le bras. Ça a probablement ajouté à ma terreur quand j'ai vu les deux petits yeux noirs et la langue fourchue pointer vers moi.

J'ai hurlé.

Je me suis retourné pour courir et je me suis pris la table de verre en plein tibia.

J'ai hurlé encore plus fort en m'écroulant par terre.

Quand Lisa est descendue en peignoir, alertée par mes cris, je rampais par terre vers la porte en me tenant la jambe.

– Qu'est-ce qu'il y a ? Pourquoi tu as crié ?

J'ai continué à ramper en gémissant.

Quand je me suis estimé assez loin, je me suis retourné en pointant un doigt tremblant vers l'autiste :

– Là… un serpent !

Et j'ai couiné en le voyant de nouveau.

Il était enroulé sur le bras droit de l'autiste, un boa qui devait bien faire deux mètres de long. Son cou ondulant, comme suspendu en l'air, pointait vers moi. J'ai cru que l'autiste aussi me regardait.

– Britney !

Lisa m'a enjambé pour aller vers l'autiste.

– … Qu'est-ce que tu fais là, ma belle ?

Elle a attrapé le serpent, l'a déroulé d'une main ferme et lui a embrassé la tête. Sa langue fourchue s'agitait dans tous les sens.

Je m'étais relevé quand Lisa s'est avancée vers moi. J'ai claudiqué un peu plus loin à mesure qu'elle approchait.

– N'aie pas peur, elle est très gentille.

J'ai ri nerveusement en agitant les mains.

– Reste où tu es, s'il te plaît… J'ai peur des serpents.

C'était bien en dessous de la vérité : j'avais une peur panique de tout ce qui rampait.

– Je ne comprends pas, a poursuivi Lisa. D'habitude, elle dort dès que je la mets dans mon sac. Elle doit être perturbée, elle vient de faire une mauvaise mue.

Pendant qu'elle parlait, elle arrachait des bouts de peau du boa et les jetait par terre.

– … Ou alors elle est amoureuse de David.

Le serpent a tendu son cou vers l'autiste comme pour montrer qu'elle disait vrai. J'ai repensé aux messages d'Hélène, à l'Amazonie, à Adam l'homme des forêts, et pendant un instant, j'ai cru que c'était vrai aussi.

Je m'étais calmé en sortant de la suite, mais j'avais toujours mal au tibia. On avait laissé le serpent en liberté dans le salon, ça me donnait des frissons dans le dos rien que d'y penser.

Lisa nous a conduits vers un ascenseur qui avait tout d'un sous-marin, destination l'Al Mahara.

On pouvait apercevoir des poissons par le hublot : on descendait sous l'eau. En arrivant en bas, on s'est dirigés vers une grande alcôve dorée au-delà de laquelle s'étendait un gigantesque aquarium circulaire. J'ai eu un relent de claustrophobie, très vite effacé par la vision des invités déjà présents.

Notre hôte avait réuni un parterre de célébrités de tous horizons. Stars de séries américaines, champions de tennis, top-modèles, il y avait même quelques chanteurs et tout un groupe de rock anglais au complet. Tout ce petit monde détonnait avec les invités locaux, en djellabas immaculées.

Une hôtesse est venue jusqu'à nous avec un plan de table et nous a demandé de la suivre. Elle a placé l'autiste à la table centrale, dos à l'aquarium, entre un top-modèle et une pro du tennis noire dont les noms m'échappaient, et nous a ensuite guidés, Lisa et moi, un peu plus loin à une autre table.

– Pourquoi on n'est pas ensemble ?

– Parce qu'on ne peut pas tous tenir à la même table. David est un invité d'honneur.

J'ai souri : j'imaginais les conversations délirantes que notre hôte allait pouvoir entretenir avec lui.

On s'est assis. Les tables étaient au complet à l'exception de quatre chaises vides en face de l'autiste, à la table centrale. S'est élevée une musique qui m'a fait penser à un jingle télé, et tout le monde s'est levé pour applaudir les quatre locaux qui venaient de faire leur entrée, visages fermés.

– Lequel est Khaled ?

– Le deuxième en partant de la gauche.

Ils se ressemblaient tous. Khaled se distinguait par une montre blanche sertie de diamants, seul signe ostentatoire de sa fortune, si bien sûr on oubliait un instant où l'on se trouvait.

En me rasseyant, j'ai remarqué que le plafond paraissait liquide, comme de l'eau de mer.

– Ici, c'est le pays des miracles, a souligné Lisa.

J'ai repensé à Hélène, à mon retour à Paris, et j'ai prié pour que ce soit vrai.

J'avais rarement vu un dîner aussi chiant et je n'étais apparemment pas le seul à le penser.

Khaled Bin Jairi Al Fakkan se tenait mollement la tête dans une main en balayant ses invités des yeux, avec l'air de s'ennuyer terriblement.

L'autiste paraissait oublié de tous. Les premiers regards intrigués de ceux qui le reconnaissaient s'étaient mués en une indifférence totale.

Lisa me snobait également. Elle avait épuisé tout son savoir, pourtant encyclopédique, sur les excentricités de Dubaï. Excentricités dont je n'avais d'ailleurs rien à cirer. Voyant que je ne réagissais plus, elle avait fait une dernière tentative en m'expliquant qu'il faudrait que le Burj Al Arab soit booké à plein régime pour quatre cents ans pour rembourser ce qu'il avait coûté. J'avais bâillé.

Elle s'était définitivement tournée vers son voisin de gauche.

Les plats défilaient les uns après les autres. Des photographes passaient de table en table pour immortaliser le moment. Je me faisais suer. Seule me tenait éveillé la fascination que j'éprouvais devant une telle débauche d'argent. Cet hôtel, le parterre de célébrités, ce grand n'importe quoi qui avait dû coûter le PIB d'un petit pays, et tout ça pour le bon plaisir d'un jeune homme qui, au final, s'emmerdait sec.

J'ai compris qu'il y avait plus que la notoriété : au bout de la route, il y avait *l'argent,* c'était là le vrai pouvoir. Tous ces gens célèbres, qui faisaient semblant de passer un bon moment, comme s'ils l'avaient choisi : des pantins ridicules qui se pliaient en révérence devant le dieu dollar. Même le rock and roll s'était agenouillé.

Un million d'euros. C'était un bon début.

Après le dessert, Khaled et ses trois acolytes se sont levés. Il a remercié génériquement tous ses invités sans un sourire, et ils sont partis.

– C'est tout ?

Lisa s'est penchée à mon oreille.

– Pour le moment, oui. Viens, on y va.

Je l'ai suivie. On a récupéré l'autiste et on est remontés dans notre suite par le sous-marin.

Je suis resté un long moment sans bouger au milieu du salon, là où tout était bien en vue, jusqu'à ce qu'on retrouve le boa qui roupillait en boule sous l'un des fauteuils.

Lisa l'a posé sur l'autiste. Il s'est immédiatement enroulé autour de son bras comme si c'était sa place. En passant devant moi, Lisa m'a défié du regard.

– Britney l'adore !

En montant à l'étage, elle m'a dit qu'elle allait se changer et que je ferais bien d'en faire autant.

– Mets quelque chose de confortable.

Confortable pour quoi ? Qu'est-ce qu'elle avait derrière la tête ?

Ce qu'elle m'avait dit plus tôt m'est revenu en mémoire : « Ici, c'est le pays des miracles. » Je l'imaginais redescendre l'escalier en déshabillé de soie et me faire la danse des sept voiles. Lascive, chienne fidèle.

Au lieu de ça, elle est redescendue en tee-shirt et pantalon de toile, je suis resté comme un con.

– Alors, tu ne te changes pas ?

– Mais on va où ?

– On continue la soirée… au spa.

Elle s'est approchée de l'autiste et a encore embrassé son serpent. Ça m'a déclenché une série de grimaces.

Je suis monté enlever ma veste, j'ai balancé tous mes vêtements hors du sac pour réaliser que je n'avais rien prévu pour un spa.

Je suis redescendu en chemise et en pantalon. Je ferais avec.

On est descendus tous les trois dans l'ascenseur en or massif, je me tenais aussi loin de l'autiste et du serpent que je pouvais.

Deux cerbères se tenaient devant l'entrée du spa, l'air pas commode. Lisa a dit quelque chose en arabe et ils nous ont laissés entrer.

Le spa était à la hauteur du reste de l'hôtel : ahurissant de luxe. De la vapeur montait de la piscine et baignait toute la pièce d'une atmosphère sensuelle, presque irréelle. On distinguait d'immenses colonnes vertes et or qui s'élevaient dans la brume tiède sans qu'on puisse en apercevoir les extrémités. De la musique s'élevait aussi de je ne sais où dans une ambiance *chill-out* arabisante et érotique. Une dizaine de personnes se prélassaient, alanguies sur des transats moelleux autour d'une fontaine à étages d'où coulait un liquide marron comme de la boue.

– Viens, je vais te présenter.

Lisa m'a guidé vers eux. Je me suis aperçu que l'autiste et moi étions les seuls Européens, mais ils n'ont pas fait cas de mon arrivée, trop occupés à se passer le narguilé.

– Mets-toi à l'aise.

Elle a retiré ses vêtements et s'est installée en maillot de bain sur l'un des transats inoccupés. Je l'ai imitée en restant habillé.

– Qu'est-ce qu'on fait là ? lui ai-je finalement demandé.

– Détends-toi… Khaled a organisé une soirée privée après le dîner… Vous êtes ses invités. Tiens !

Elle m'a passé le narguilé. J'ai regardé l'autiste, debout au bord de la piscine, toujours avec le serpent autour de son bras. J'ai inhalé.

Ça m'est tout de suite monté à la tête. J'ai ressenti une sensation de calme dans les minutes qui ont suivi. Quelqu'un est venu m'apporter un verre. Dans la moiteur ambiante, j'avais soif, je l'ai bu d'un trait. C'était sucré et alcoolisé. Délicieux. L'autiste a bu lui aussi le verre qu'on lui tendait, toujours debout devant la piscine.

Lisa a approché sa main de la fontaine au liquide marron et m'a tendu une fraise couverte de chocolat.

Une fontaine à chocolat, voilà ce que c'était. Je ne sais pas si c'était le narguilé, mais j'ai ri. Un rire d'extase, de béatitude.

Alors que je me demandais si je n'étais pas au paradis, tout le monde a levé le bras en disant « Aahh… » J'ai cru que c'était un rite, j'ai fait de même : « Aahh… », puis j'ai réalisé que quelqu'un se tenait derrière moi, quelqu'un à qui ce *aahh* était destiné. Je me suis retourné.

C'était un jeune homme tout maigre, un local. Il portait un tee-shirt rouge moulant avec écrit dessus en lettres dorées « Free Paris Hilton » ! Il portait aussi un jean blanc déchiré et une ceinture, dorée également. Son regard avait quelque chose d'étrange, deux grands yeux baignés de folie. Du mascara, il portait du mascara.

Je m'apprêtais à rire quand Lisa a parlé.

– *Happy birthday*, Khaled !

Tout le monde a levé son verre, Khaled a souri en ouvrant des yeux encore plus grands.

Terrifiant.

La surprise était passée. Ça devait faire une heure qu'on se prélassait sur nos transats – je ne sais plus, j'avais perdu la notion du temps. La musique se répercutait en écho contre le marbre, j'avais chaud, j'avais tellement chaud.

Tout le monde était en maillot de bain. Je me suis retrouvé en slip. Le plus incroyable, c'est que je n'en avais rien à cirer. Je ne m'étais même jamais senti aussi bien. Ma vision était trouble depuis un moment, je regardais Lisa et je la désirais.

J'ai entendu un bruit dans l'eau. J'ai levé la tête : l'autiste nageait. Il était nu et… non, je ne rêvais pas, il avait le sourire !

Dans d'autres circonstances, je me serais affolé, mais rien n'avait de prise sur moi. Je baignais dans une volupté que je n'avais jamais soupçonnée possible, je ne pensais plus qu'à une chose : Lisa. Son corps, sa bouche, sa peau, ses seins, sa chatte.

– Oh ! Britney, tu es là, ma belle, a-t-elle murmuré.

Son serpent s'est glissé entre ses jambes jusqu'à son cou. Je n'ai pas eu peur, j'ai trouvé ça érotique.

C'est là que j'ai compris qu'on nous avait drogués. Je m'en suis aperçu et je m'en suis tapais comme de ma première dent.

Khaled s'est approché de nous, les yeux exorbités.

– *It's great, isn't it ?*

Une petite voix fluette, ridicule. J'avais chaud. Il a tendu ce qui ressemblait à une boîte de médicaments à Lisa. Elle a poussé un cri de joie.

– Qu'est-ce que c'est ? ai-je réussi à dire mollement.

– Du Stilnox !

– Un somnifère ? Mais je ne veux pas dormir.

– Alors ne dors pas.

Elle a pris un cachet avec un verre d'alcool et m'en a tendu un.

– Tu vas voir, c'est le top ! Fais-moi confiance.

J'aurais pu avaler de l'arsenic sans broncher, je n'avais plus aucune volonté. Je ne pensais plus qu'à Lisa.

Je ne me souviens plus très bien de ce qui a suivi. Les images se bousculent dans ma tête, floues.

Je revois Lisa scintillante dans un halo de lumière, offerte comme une déesse sur un nuage. Je revois une cascade de chocolat gigantesque qui coule dans toute la pièce. Les colonnes en marbre ondulent, ou alors ce sont des serpents qui grimpent autour, je ne sais plus. Je revois l'autiste marchant sur l'eau, nu, dans un bain de vapeur, un peu comme dans la pub pour *Deus*. Il fait au moins cinq mètres de haut. Je tends le bras pour le toucher, mais il disparaît comme de la brume. Lisa fait couler du chocolat sur ses seins et m'invite à la lécher.

J'étais seul sur le transat quand j'ai repris connaissance. Ma vision était plus trouble que jamais. J'avais l'impression de voir des formes bouger autour de moi dans la vapeur, mais ce devait être mon imagination qui continuait à me jouer des tours.

Ma gorge me serrait. J'ai posé la main dessus et j'ai senti un renflement comme un goitre durci, une peau froide et sèche.

Le serpent s'était enroulé autour de mon cou.

Je devais être encore très drogué : je n'ai pas eu peur. J'ai essayé de le retirer, mais plus je tirais, plus il se resserrait autour de ma gorge. Je devais me résoudre à faire avec.

J'ai tenté de me lever, la tête me tournait. Je me suis finalement mis debout et je me suis étalé sur le cul dès que j'ai fait un pas. Le sol était recouvert de chocolat liquide.

Le choc m'a fait l'effet d'une gifle, j'ai commencé à reprendre mes esprits. J'ai enfilé mon pantalon comme j'ai pu – c'était difficile avec le serpent, je ne pouvais pas baisser la tête.

J'ai parcouru le spa, les bras tendus dans la vapeur. Personne, j'étais seul. J'ai commencé à flipper. J'ai longé le mur en appelant Lisa. Rien. L'autiste ! Où était l'autiste ?

Gontran, tu es un monstre !

C'était la voix d'Hélène dans ma tête. Comme pour vérifier cette accusation, je suis passé devant un miroir et j'ai essuyé la buée d'une main. Mon visage et le haut de mon corps étaient recouverts de chocolat séché. J'avais une bouée en peau de serpent autour de la gorge, comme une écharpe. Son cou ondulait au-dessus de ma tête.

Un monstre, j'étais un monstre.

J'ai commencé à courir à petits pas autour de la piscine comme un fou égaré. Un sentiment de panique s'était emparé de moi, amplifié par les drogues qui persistaient encore. Il y avait une série de portes sur le mur opposé. J'ai ouvert la première.

Un type et une fille étaient allongés, nus et recouverts d'huile, sur un grand matelas. Ils se caressaient et s'embrassaient. Ils ont tourné la tête vers moi, leurs yeux semblaient vitreux et possédés. J'ai refermé la porte et j'ai ouvert la suivante, puis celle d'après.

À chaque fois, la même scène à deux ou à trois. Mon sentiment de panique enflait, le serpent resserrait son emprise, j'ai commencé à me sentir étranglé. J'ai ouvert l'avant-dernière porte et je n'ai pas pu retenir un cri. Khaled a tourné la tête vers moi, j'ai d'abord vu ses yeux exorbités me foudroyer de leur folie. Il était en maillot de bain, à califourchon sur l'autiste. Apparemment, je venais de l'interrompre pendant qu'il se frottait contre son corps huilé.

L'autiste paraissait évanoui, les bras étendus de chaque côté, offert comme un tas de viande. Mon esprit s'est enfui par association vers une image folle : *Le Retour du Jedi*, quand le bouffon de Jabba the Hut se retrouve à califourchon sur 6PO et lui arrache les fils avec les dents. Sauf que là, je n'étais pas à Hollywood mais en enfer.

Khaled a crié quelque chose en arabe en faisant un geste pour que je m'en aille. C'est là que l'autiste a semblé se réveiller. Il a lentement tourné la tête vers moi, et là, son regard s'est posé sur moi, il n'y avait plus aucun doute, il me regardait. Il avait l'air triste et apeuré. Hagard. Il a tendu la main vers moi au ralenti comme s'il voulait que je l'attrape…

Et il a parlé :

– *Help me… Please.*

La suite s'est passée comme si je n'avais plus le contrôle de mes gestes. Je me suis rué sur Khaled, j'ai attrapé son bras et je l'ai tiré violemment vers l'arrière. Il est tombé par terre à la renverse et a paru sonné quelques instants, le temps que j'attrape Adam et que je l'aide à se relever.

Les drogues le faisaient toujours tituber, mais il tenait debout, ça suffisait.

J'ai passé un de ses bras autour de mes épaules par-dessus le serpent et je l'ai traîné vers la sortie en courant.

Le temps de faire le tour de la piscine, Khaled était sorti de la pièce à quatre pattes et s'était mis à hurler de sa voix de crécelle :

– *Come back !… You !… Come back !… I paid for him !*

J'ai poussé la porte. Les cerbères nous ont regardés passer, l'air médusé : un petit gros couvert de chocolat avec un serpent autour du cou portant un grand mec tout nu et tout huilé, il y avait de quoi.

J'ai détalé vers l'ascenseur en soutenant Adam. L'ascenseur est arrivé, je nous ai engouffrés dedans au moment où les cerbères se précipitaient vers nous sous les cris de Khaled qui les avait rejoints.

En arrivant à la suite, j'ai refermé la porte et lâché Adam. Il s'est assis par terre, je l'ai secoué par les épaules.

– C'est pas le moment !… Adam !…

Il m'a regardé en remuant la tête. Il y a eu des coups violents contre la porte. J'ai sursauté.

– Adam !… *It's OK… but we have to go, now !*

Je lui ai jeté des vêtements à la figure et je suis monté à l'étage quatre à quatre en tirant sur le serpent.

En arrivant dans la chambre, j'étais au bord de l'évanouissement tellement il se resserrait, mais j'ai tenu bon et il a commencé à lâcher prise. J'ai finalement réussi à l'enlever et je l'ai balancé aussi fort que je pouvais contre le mur.

Il a fait un grand bruit sourd en s'écrasant.

– Il y a quelqu'un ? C'est toi, Gontran ?

C'était la voix de Lisa, elle était sous la douche.

J'ai fouillé dans mon sac en tremblant. Passeports... téléphone... Je ne trouvais pas mon portefeuille ni les billets, mais j'entendais Lisa sortir de la douche, elle allait bientôt débarquer. En bas, les coups sur la porte redoublaient de violence. J'ai détalé.

Adam finissait de s'habiller, je l'ai poussé derrière le canapé juste à temps, Lisa descendait l'escalier précipitamment.

Elle a ouvert la porte, je tenais la tête d'Adam baissée en jetant des coups d'œil affolés. Les cerbères se sont engouffrés à l'intérieur, suivis de Khaled en peignoir qui paraissait possédé. Ils ont parlé entre eux en arabe et se sont précipités vers le salon principal. J'ai pris Adam par la main et on est sortis à toute vitesse.

On a traversé le hall d'accueil en courant. Par chance, il était pratiquement désert, on a foncé vers la sortie. Le jour se levait. On a couru, comme des fous, sur le pont. Je me retournais pour regarder s'éloigner la voile gigantesque, le cauchemar.

On a déboulé sur la double voie en évitant de peu une première voiture. La deuxième a pilé devant nous. Une femme était au volant. Une Européenne. Elle nous a crié dessus. La peur, sans doute.

– *Are you mad ? I almost ran you over !*

Je me suis approché du côté conducteur, je tenais toujours Adam par la main.

– Aidez-nous… *Please, help us !*
– Vous êtes français ?
– Oui ! oui, Français ! Aidez-nous, s'il vous plaît !
– Hé ! Ce ne serait pas le type du parfum ?
– Si, si, aidez-nous, s'il vous plaît !

Je n'ai pas attendu qu'elle réponde, j'ai ouvert la portière et j'ai poussé Adam à l'intérieur avant de m'y engouffrer. Des voitures ralentissaient pour nous doubler en klaxonnant.

– Démarrez ! Vite !

Elle s'est exécutée.

– Amenez-nous à l'aéroport, je vous en prie !

Charlotte – c'était son nom – a poussé des cris aigus quand je lui ai raconté ce qui venait de nous arriver.

– Un pays de fous, je le dis toujours ! L'argent leur est monté à la tête ! s'est-elle écriée quand j'en ai eu terminé.

Charlotte était la femme d'un architecte expatrié et semblait ravie qu'il se passe enfin quelque chose d'excitant à raconter, de quoi étonner ses autres copines expats. Elle m'a passé une boîte de Kleenex et une bouteille d'eau pour que je me nettoie le visage, et nous a conduits à l'aéroport à toute allure.

Elle nous a fait des signes de la main en repartant. Apparemment, elle était enchantée de ce petit épisode, elle avait le sourire.

Je n'avais pas les billets, pas de carte bleue et l'avion décollait dans deux heures.

J'ai allumé mon portable, vingt-six messages, et j'ai fait la seule chose qui me paraissait sensée : j'ai appelé Hervé.

Par chance, il y avait encore de la place, il nous a reservé deux billets en éco depuis Paris.

Quand on est montés dans l'avion, tout le monde nous regardait bizarrement. J'avais du chocolat plein les cheveux, Adam était pieds nus. On s'est assis, et là, mes nerfs ont lâché. J'ai enfin réalisé pleinement ce qui venait de se passer et j'ai pleuré.

Je n'ai pas osé adresser la parole à Adam de tout le voyage. Ça n'a pas été très difficile : il semblait cette fois-ci vraiment en état de choc et tremblait légèrement.

Dans le hall des arrivées, Hervé m'attendait. Hélène était là aussi. Elle avait l'air de ne pas avoir dormi depuis plusieurs jours.

Elle s'est précipitée vers nous, j'ai eu un mouvement pour la recevoir dans mes bras. Jamais je ne m'étais rendu compte à quel point j'avais besoin d'elle.

Elle est passée devant moi sans me regarder et s'est ruée sur Adam. Il l'a prise dans ses bras et l'a serrée très fort. Le soulagement de le retrouver était sans doute plus fort que la surprise de le découvrir conscient : elle s'est mise à pleurer.

Adam lui caressait la tête. J'ai senti comme une longue aiguille me transpercer la poitrine.

Au bout d'un moment, elle m'a enfin regardé. Elle n'a rien dit. Ce n'était pas nécessaire, j'ai lu dans ses yeux tout le mépris du monde.

22.

Hier matin, je me suis réveillé avec le spleen, entortillé comme un nem dans des draps trempés de sueur, signe que j'avais fait des cauchemars.

J'ai parfois l'impression que mon passé me sort par les pores à mon insu la nuit, quand je dors. C'est de plus en plus fréquent depuis que je suis arrivé au Brésil et que j'ai commencé à écrire à Hélène. Dans les bons jours, j'essaie de me rassurer, je me dis que c'est hygiénique, que c'est comme cracher des toxines et que ça s'arrêtera quand j'apposerai le mot « fin » sur la dernière page. Les autres jours, comme aujourd'hui, je crois qu'il en sera toujours ainsi, que ma conscience ne me laissera jamais tranquille et qu'elle me dévorera par petits bouts, nuit après nuit, jusqu'à me faire disparaître.

J'ai pris un café aussi noir que mes idées sur la véranda en contemplant le ciel de plomb chargé d'orage qui écrasait le fleuve, puis je suis allé faire quelques pas sur la rive dans un silence pesant.

Le fleuve s'agitait en masse informe, ondulante et glauque. L'horizon semblait se refermer sur moi et vouloir m'engloutir. Je fermais les yeux en implorant un dieu auquel je n'avais jamais cru pour qu'il soulage mon cœur serré quand j'ai reçu une première goutte en plein front comme un crachat.

Le temps d'en rire, le ciel me tombait dessus.

J'ai sprinté sur les quelques mètres qui me séparaient du bungalow et suis arrivé trempé dans le vacarme assourdissant d'un premier éclair qui a chassé un court instant la noirceur du matin.

Je me suis séché, j'ai enfilé des vêtements secs et je me suis installé à ma table où m'attendaient deux piles de feuilles, les unes noircies de souvenirs, les autres encore vierges.

Plus que quelques pages.

Le monde autour de moi grondait, déversant un rideau de pluie dense et bruyant. Comme chaque matin depuis bientôt deux mois, j'ai pris quelques minutes pour me replonger dans le passé, faire ressurgir chaque détail, redécouvrir tous les ressorts qui m'animaient. J'en avais bientôt terminé avec mon récit, mon ode à la vérité, mon *mea culpa*. J'avais réussi à repousser chaque tentation de flirter avec la réalité, d'enjoliver ce qui avait pu se passer dans ma tête.

La vérité, Hélène saurait l'apprécier, aussi laide soit-elle. C'était ma planche de salut, j'en étais convaincu.

Hélène m'a quitté dans le hall des arrivées de l'aéroport sans dire un mot, sans même se retourner. Adam et elle se soutenaient mutuellement par le bras comme s'ils étaient une béquille l'un pour l'autre.

J'ai cette image en avant-plan de ma mémoire qui m'accompagne dans tout ce que je fais, depuis deux ans.

Hervé m'a porté jusqu'aux taxis et m'a raccompagné chez moi. Il a insisté pour rester avec moi, j'ai refusé. Je voulais rester seul avec ma honte.

Ma mère avait eu la délicatesse de s'en foutre une dernière fois : elle avait déjà rejoint son jules.

L'appartement était terriblement silencieux.

Je savais que je ne trouverais pas les affaires d'Hélène dans ses placards. J'ai quand même vérifié. Vides. Elle avait juste laissé une photo sur le lit. Celle que j'avais prise à bout de bras, à l'hôpital, de mon visage à côté de celui d'Adam. Je pouvais lire, dans mon rictus sur le papier glacé, l'horreur que je m'apprêtais à engendrer. Sur la photo, il y avait le diamant et son alliance.

J'ai expédié ma mère à l'hôtel dès le lendemain matin, sans lui donner d'explication. J'ai déposé sa valise dans le lobby et je lui ai donné le solitaire. En m'éloignant, je me suis retourné pour lui faire un dernier geste de la main, un vieux réflexe sans doute, mais je l'ai trouvée absorbée par le diamant, l'air fasciné.

Je ne l'ai plus revue.

Je suis resté enfermé dans l'appartement pendant presque une année entière à espérer des nouvelles d'Hélène. Hervé s'était manifesté dans les premiers temps, mais je ne supportais plus sa compassion molle qui ne faisait que pointer du doigt ma propre ignominie. Je ne répondais plus au téléphone, il avait cessé de m'appeler. À plusieurs reprises, il était venu frapper à ma porte à l'improviste, des moments angoissants pendant lesquels je retenais ma respiration, et puis un jour le silence avait fini par s'imposer.

Je n'arrêtais pas de repenser à Catherine Roux, Lulu Mae, Lenoir, Lisa, Khaled, comme si penser à eux pouvait édulcorer ma honte, du moins par comparaison. Mais de tous ces monstres, je réalisais peu à peu que j'étais le pire. Au début, j'ai mis ça sur le compte de la cocaïne, ou plutôt du sevrage que j'en faisais. Mais les semaines passaient et je m'enfonçais toujours plus profondément dans les abîmes sans lumière de mes remords. Je sortais juste pour faire des courses, principalement de l'alcool. Des moments pénibles à raser les murs en me faisant régulièrement insulter par des passants. Les journaux people s'étaient tous retournés contre moi après la disparition soudaine d'Adam. Le voyage à Dubaï avait été ébruité. Je soupçonne Vernier de s'être lâché après le sale coup que je lui avais fait. Je ne pouvais pas lui en vouloir. Comme je refusais les interviews, ils avaient brodé une histoire selon laquelle ma femme avait dû s'enfuir avec Adam, qu'ils continuaient à prénommer David, parce que je les maltraitais.

C'est à ce moment précis que j'ai réalisé que c'était vrai. La vérité sortait par là où j'avais péché. C'était marqué noir sur blanc, en première page de *Voici*: Hélène et Adam avaient fui leur bourreau.

J'ai cessé les sorties, je me faisais livrer.

Le spectre de solitude qui m'avait accompagné toute ma vie comme une ombre a enfin montré son nez et m'a dévoré.

Si j'en avais eu le courage, je me serais jeté par la fenêtre, mais le seul courage que je parvenais à rassembler, c'était de m'enfiler une bouteille de vodka dès le réveil. À jeun, la honte et la solitude me terrassaient, et bourré, je pleurais sur Hélène.

Son souvenir me hantait jour et nuit, inlassablement. Je me suis peu à peu rendu compte qu'elle avait été ma source de lumière. La lumière auprès de laquelle je m'étais réchauffé dans notre enfance, la lumière à laquelle j'avais tourné le dos, adulte, en projetant devant moi une ombre, cette même ombre devenue sans elle obscurité et qui me dévorait à présent. Elle était devenue mon obsession, essayer de l'oublier mon seul passe-temps. Comme je n'y parvenais pas, je me suis peu à peu résolu à la retrouver, à la reconquérir. C'était devenu le but de ma vie, mon moteur, comme l'avait été auparavant ma frustration. Ça m'a permis d'arrêter de boire.

Évidemment, je n'avais aucune piste. Elle avait démissionné de l'hôpital à mon retour de Dubaï, et ce n'est pas Catherine Roux qui allait m'aider dans mes recherches. J'ai fait le voyage jusqu'en Angleterre à la maison de retraite de

Londres pour rencontrer Angela Brown. Tout ce que j'y ai appris, c'est que son petit-fils et une jeune femme étaient venus la chercher et la sortir de là. Ils n'avaient plus eu de nouvelles depuis. Elle pouvait être partout, c'est-à-dire à peu près nulle part.

J'ai fait appel à un détective. Il m'a averti que cela pourrait prendre du temps et de l'argent. Ça tombait bien, c'était tout ce qui me restait.

Il y a trois mois, le détective m'a appelé. Il avait retrouvé la trace d'Hélène.

– Vous n'allez sûrement pas aimer ce que je vais vous annoncer.

– Ne me ménagez pas.

– Elle vit au Brésil depuis bientôt deux ans. Elle n'y vit pas seule.

– Laissez-moi deviner : Adam Brown ?

Je suis parti sur le premier vol pour Rio. De là, j'ai pris un vol interne pour Manaus, dans le nord, là où ils s'étaient installés. J'ai préféré d'abord louer un bungalow en dehors de la ville, aux abords du fleuve.

Je me rendais tous les matins à l'adresse que m'avait filée le détective. Je me postais dans un café au carrefour de la rue de Hélène, lunettes de soleil et chapeau de paille enfoncé sur la tête, et j'attendais.

La première fois que je l'ai vue sortir de chez elle, j'ai eu du mal à la reconnaître. Elle s'était coupé les cheveux, elle semblait radieuse, épanouie. Elle était belle. Je n'ai pas pu bouger, ni cette fois ni les fois qui ont suivi. Tout ce que je pouvais faire, c'était venir m'asseoir en face de chez elle et attendre. Ça me rappelait péniblement les planques d'autrefois, d'une autre vie, sauf que là c'était ma femme que je traquais dans l'ombre.

Mon cœur s'emballait dès que je l'apercevais. Je restais là, transi, à la regarder passer sans pouvoir faire un geste. Parfois, elle était accompagnée d'une vieille dame qui avait du mal à se déplacer. Angela Brown, j'imagine. Pas de trace d'Adam. Tous les matins, j'arrivais à mon poste, décidé à l'approcher, et chaque fois, paralysé, je me rétractais, en bon lâche que j'étais. C'est là que j'ai eu l'idée de lui écrire. Je me suis dit que si je pouvais lui offrir la vérité, sans compromis, peut-être pourrait-elle comprendre, me pardonner, repartir de zéro… La vérité. La vérité.

Je me suis isolé tous les soirs dans mon bungalow pendant les deux mois qui ont suivi et j'ai écrit avec une discipline presque militaire, fiévreusement. Les après-midi, je continuais à me rendre en ville où je menais une enquête pour connaître tous les détails de sa nouvelle vie sans moi. J'avais recruté pour m'aider un jeune étudiant brésilien du nom de Waldemar. Il parlait bien français et trouvait ma démarche romantique. Un rêveur efficace. Grâce à lui, j'ai pu remplir les pointillés qui séparaient le retour de Dubaï à aujourd'hui.

Peu de temps après leur arrivée au Brésil, Adam était retourné au cœur de la forêt, où il vivait la plupart du temps. Il s'était fait le porte-parole des tribus Yanomami qu'il avait réussi à fédérer autour de revendications qu'il relayait à Manaus deux ou trois fois par an. Hélène avait rejoint une organisation humanitaire qui visait à combattre l'orpaillage et les cultures intensives sauvages qui détruisaient la forêt amazonienne et polluaient le fleuve du Brésil au Pérou. Elle était aussi en charge d'une mission sanitaire qui sollicitait des dons de médicaments auprès des laboratoires pour les redistribuer aux tribus indiennes sujettes aux épidémies exportées par le monde extérieur.

Waldemar avait eu l'idée d'interviewer directement Hélène, sous le prétexte d'une étude universitaire. Il en était revenu ému et m'avait fait le portrait d'une femme courageuse et engagée. Quand il lui avait demandé ce qu'il en était de sa vie personnelle, elle lui avait répondu qu'elle avait enfin trouvé un sens à sa vie et qu'elle était comblée. J'en avais perdu l'appétit. Je m'étais enfermé dans mon bungalow les jours suivants et j'avais peaufiné ma lettre à Hélène, ma piètre déclaration d'amour.

Ce matin, je me suis rendu à Manaus au lever du soleil. J'étais seul à la terrasse du café quand je me suis assis. Je gardais la sacoche avec la lettre près de moi, comme une extension de mon bras.

Au troisième café, le carrefour a commencé à s'animer. J'étais terriblement nerveux, mais décidé.

Je guettais la porte de sa maison en espérant la voir sortir d'une minute à l'autre. Je priais pour qu'Angela Brown ne soit pas avec elle. Et puis la porte s'est ouverte. Adam est sorti. Seul.

Je me suis tassé sur ma chaise et j'ai abaissé mon chapeau. Il a descendu la route d'un pas assuré. En passant devant la terrasse, il a ralenti jusqu'à s'arrêter complètement, comme s'il venait de s'apercevoir qu'il avait oublié quelque chose. Il est resté quelques secondes immobile, me rappelant étrangement l'autiste, et puis il a lentement tourné la tête et il m'a regardé.

Il est resté planté comme ça, les yeux rivés sur moi, interminablement.

Je serrais la poignée de ma sacoche, prêt à bondir, refusant bêtement de croire qu'il avait pu me remarquer juste en passant, du coin de l'œil, moi qui avais été si longtemps habitué à ignorer sa conscience… et la mienne.

Il s'est finalement approché de la terrasse et s'est frayé un chemin entre les tables jusqu'à moi. J'étais paralysé. Son ombre s'est étalée sur moi, j'ai levé la tête. Il m'est apparu auréolé, je ne pouvais pas distinguer l'expression de son visage.

Le ridicule de mon déguisement s'est abattu d'un coup sur moi. J'ai retiré mon chapeau, mes lunettes, et je me suis montré démasqué. Ne sachant quoi faire d'autre, j'ai ri. Un rire stupide, légèrement dément, qui n'a fait que m'enfoncer dans ma gêne.

Il a tiré une chaise vers lui sans dire un mot et il s'est assis. J'ai enfin pu voir son visage : il me souriait. Un sourire sans malice, sans emphase. Dans d'autres circonstances, j'aurais dit qu'il était heureux de me voir. J'étais pétrifié.

On est restés un bon moment comme ça.

Il me regardait calmement, en souriant, comme une réminiscence du bon temps qu'on avait pu passer ensemble. J'ai finalement baissé les yeux en attendant la sentence.

Dans l'un de mes scénarios, c'était là qu'il aurait dû me coller un bourre-pif. Mais il s'est contenté de continuer à sourire. Un sourire sincère. J'étais en panique totale.

Ne supportant plus ce silence, j'ai essayé de dire quelque chose.

– Adam… je…

Je quoi ? Je suis content de te voir ?

Ma main est restée suspendue en l'air. J'ai ressenti un truc bizarre dans ma poitrine qui s'est vite traduit par une envie de pleurer. Ma lèvre inférieure s'est mise à trembler, je l'ai mordue, mais ça n'a pas suffi, mes yeux se sont noyés de larmes. J'ai juste eu le temps de les cacher de la main, elles ont dévalé le long de mes joues.

Adam a juste posé sa main sur mon épaule, je l'ai accueillie avec une gratitude qui m'a déclenché une longue série de sanglots, si forts qu'ils me faisaient rebondir sur ma chaise comme si j'étais assis sur un ressort.

Je me suis *laissé aller*. Longtemps. Littéralement laissé aller.

Je ne pleurais plus sur moi, je pleurais pour moi. Un moi qui s'en allait, qu'il m'avait suffi de voir pour le faire fuir, liquide. C'était comme si je me détachais d'un poids gigantesque dans un déchirement heureux.

Je ne sais pas combien de temps j'ai pleuré. Longtemps.

Je me suis enfin calmé et j'ai pu le regarder dans les yeux. Il me souriait toujours. Mes poumons se sont gonflés d'air de leur propre vouloir, jusqu'aux limites de l'explosion. J'ai expiré lentement dans un soupir interminable, et j'ai enfin pu lui rendre son sourire. Là, j'ai réalisé que je n'avais plus peur. J'étais comme libéré de cette prison que j'avais moi-même bâtie.

Un sourire.

Adam s'est levé et s'en est allé sans dire un mot.

Je suis resté longtemps sans bouger, assis à la terrasse du café. Je me contentais de respirer profondément, jouissant de cette légèreté étrange que je ressentais. Adam avait réussi à me pardonner, Hélène y parviendrait aussi, j'en étais sûr.

Un peu avant midi, Hélène est sortie, elle était seule. Je me suis enhardi à la suivre dans le marché, juste quelques mètres derrière elle. J'étais nerveux. Les gens se bousculaient autour de nous. Une femme dans la foule l'a apostrophée, Hélène s'est avancée vers elle pour l'embrasser et lui a parlé d'une voix enjouée dans un portugais impeccable pendant une minute ou deux.

J'en ai profité pour m'approcher. Je me tenais juste derrière elle en faisant mine de m'intéresser à l'étalage de fruits. Je pouvais sentir son odeur. J'ai hésité pendant ce qui m'a paru une éternité, et puis je l'ai fait, j'ai frôlé sa main. Tout de suite, j'ai eu peur qu'elle s'en aperçoive, j'ai paniqué, je me suis enfui.

Frôler cette main que j'avais tant de fois dédaignée représentait le meilleur moment des deux dernières années de ma vie. C'en était pathétique. J'étais pathétique. Je regardais ma main tremblante, les regrets me submergeaient par vagues incontrôlables. J'ai repensé à Waldemar, à ce qu'il m'avait dit, les yeux brillants d'admiration : elle avait enfin trouvé un sens à sa vie et elle était comblée. Elle était heureuse sans moi. Heureuse sans moi. Il y a eu comme une vibration légère qui a parcouru toute la surface de ma peau, agréable, enveloppante, et la sincérité de mon amour pour elle m'a éclaté au visage…

J'ai lâché prise.

Je suis sorti du marché sans me retourner. En passant devant des bennes à ordures, j'y ai jeté ma sacoche avec la lettre dedans sans même y réfléchir, presque mécaniquement, et je me suis rendu au port. J'ai marché jusqu'au bout de l'embarcadère et j'ai contemplé le ciel immense. J'ai ressenti quelque chose de paisible s'installer en moi, un sentiment qui semblait dépasser les frontières de mon propre corps et qui a fini par embrasser l'horizon.

ÉPILOGUE

Les autorités de Manaus avaient décidé de mettre fin à leur embarras comme on cache un tas de poussière sous un tapis : elles renverraient Adam Brown là d'où il venait.

Ce n'était pas la première fois qu'un *problème* surgissait entre les orpailleurs et les tribus indigènes, mais Ferro Pedreira, qui avait reçu les trois rescapés, savait que l'incident prendrait une tout autre tournure si l'on apprenait que l'anthropologue Suzanna Brown avait péri, et le témoignage de son fils, européen *et* fils de la lune, embraserait sans aucun doute la presse internationale. Les nations influentes prêtaient l'oreille quand un Européen accompagnait le cri des indigènes. Le chanteur Sting le démontrait depuis des décennies.

Pedreira avait déjà eu affaire à la mafia des orpailleurs et en craignait les réprobations. Adam, visiblement choqué, n'avait pratiquement pas dit un mot quand il l'avait reçu. Le vieux shaman et le jeune chasseur de Makayu ne parlaient pas portugais et n'obtiendraient, il le savait par expérience, qu'un écho limité dans la presse locale. Ferro Pedreira connaissait assez la culture Yanomami pour savoir qu'ils ne mentionnaient jamais leurs morts par crainte de contrarier leur esprit et avait misé sur cet aspect pour espérer étouffer l'histoire. Il s'était discrètement renseigné auprès du consulat du Royaume-Uni, avait découvert l'existence de la grand-mère d'Adam à Londres et avait personnellement accompagné son petit-fils à l'aéroport avec une adresse et un peu d'argent.

*

Les retrouvailles d'Adam et d'Angela Brown furent émouvantes et silencieuses. Angela était certes très diminuée physiquement, mais elle avait encore toute sa tête, mis à part peut-être quelques moments d'égarement, somme toute assez espacés, les prémices d'une sénilité qu'elle écartait d'un mouvement de main dès que les infirmières y faisaient allusion. Quoi qu'il en soit, elle était en pleine possession de ses moyens quand elle vit apparaître Adam – qu'elle n'avait pas vu depuis près de dix-sept ans – et comprit dans l'instant qu'un malheur était arrivé à sa fille. Elle versa beaucoup de larmes – un mélange de chagrin et de joie – en serrant dans ses bras son petit-fils qu'elle n'espérait plus revoir.

Quand elle eut regagné son calme, elle lui demanda néanmoins, sans trop d'espoir, où était sa mère. Elle vit briller au coin des yeux d'Adam la confirmation silencieuse que sa fille n'était plus de ce monde et que seule cette tragédie pouvait expliquer sa présence soudaine à ses côtés.

Angela Brown avait lu et relu jusqu'à le connaître par cœur le livre que sa fille avait publié lors de ses premières années d'anthropologue. Elle connaissait parfaitement les us et coutumes des Yanomami. Elle aurait pu tout aussi bien réciter les cinquante-six lettres qu'elle avait reçues. De longs récits détaillés et vibrants, au travers desquels elle s'était un peu sentie incluse dans leur quotidien pour le moins exotique. La dernière en date, qui lui était parvenue huit mois auparavant, l'avait cependant inquiétée. Suzanna lui faisait part de ses craintes quant à de possibles *interventions* des orpailleurs qui risquaient de mettre en danger les tribus proches du périmètre qu'ils venaient d'investir. Elle en tira ses propres conclusions et décida avec courage de concentrer son énergie vacillante sur Adam. Après s'être assurée qu'il avait un peu d'argent, elle interrogea les infirmières de garde et obtint l'adresse d'un Bed & Breakfast bon marché non loin de la maison de retraite. Elle serra son petit-fils encore longuement dans ses bras et, rassemblant toutes ses forces dans un dernier sourire, lui fit promettre de revenir dès le lendemain matin. Une fois Adam parti, elle put enfin s'effondrer.

Les jours qui suivirent se répétèrent à l'identique. Adam rejoignait sa grand-mère le matin et lui tenait compagnie toute la journée. Angela comblait le silence par de longs monologues, un travail de deuil qu'elle avait, réalisait-elle, entamé dix-sept ans auparavant quand sa fille avait décidé de partir vivre définitivement en Amazonie en emportant Adam avec elle.

Elle lui raconta en détail le miracle qu'avait été la naissance de Suzanna après des années d'une infertilité qu'elle s'était résignée à accepter. L'admiration qu'ils avaient éprouvée, elle et son défunt mari, en regardant leur fille grandir, s'épanouir, devenir peu à peu la jeune femme indépendante et engagée qui prendrait bientôt la décision de consacrer sa vie à la cause qu'elle souhaitait défendre. Elle évoqua les choix difficiles qui s'étaient imposés à eux lorsque Suzanna était tombée enceinte lors d'un séjour à Paris. Elle lui parla de son père, Jacques, un étudiant en médecine qui avait accepté à contrecœur de laisser Suzanna élever seule le fruit de cet amour de vacances. Elle lui montra la correspondance amicale qu'elle avait entretenue avec lui pendant quelques années, avant que les lettres ne s'espacent et ne finissent par se tarir. Elle se remémora aussi avec nostalgie les trois années de bonheur pendant lesquelles elle s'était occupée d'Adam tandis que sa jeune mère terminait ses études.

Adam se contentait de l'écouter, sortant occasionnellement de la stupeur qui semblait l'accompagner à chaque instant pour commenter tristement le quotidien de sa grand-mère. La chambre stérile dans laquelle elle était enfermée, avec comme seule échappatoire la vaste salle où étaient parqués les aînés, abandonnés devant un écran, condamnés à attendre leur mort devant des images artificielles qui leur scandaient répétitivement qu'ils étaient trop vieux, trop gros, trop laids.

– C'est juste de la publicité, lui répondait Angela avec un sourire inquiet, réalisant peu à peu comme il allait être difficile pour Adam de s'adapter à ce monde moderne auquel il était si étranger.

Et c'est en suivant ce constat qu'elle acquiesça quand, au matin du cinquième jour, il lui annonça qu'il voulait retourner là-bas, dans sa forêt. Il lui restait à trouver comment. Angela ne pouvait pas l'aider financièrement, sa pension suffisant tout juste à payer la maison de retraite. C'est à ce moment que l'idée germa dans son esprit, un dernier espoir un peu fou, mais elle ne voyait pas vraiment d'alternative.

*

Il était sorti de la gare du Nord étourdi par la foule. Personne ne l'avait mis en garde contre tant de laideur. La même laideur qui l'avait assommé à son arrivée à Londres. Du béton à perte de vue, des voitures, l'agitation, le bruit assourdissant, artificiel, mécanique, de la grande machine des Nabe, la grande machine à broyer les âmes.

Il s'était rendu sans attendre à l'adresse que lui avait recopiée sa grand-mère, l'adresse de Jacques, son père, qui allait l'aider, Angela en était convaincue. La concierge de l'immeuble l'avait dévisagé avec appréhension quand il lui avait montré le papier et l'avait informé sèchement que Jacques avait déménagé avant de refermer la porte de sa loge.

Son dernier espoir venait de s'envoler, aucune chance qu'il retrouvât son père dans cette foule. Il comprit qu'il n'aurait jamais dû venir ici.

Il marcha sans direction précise sur le pavé hermétique qui recouvrait la terre, la vie.

Les gens se précipitaient autour de lui, par centaines, solitaires, fermés.

Il descendit une grande avenue bruyante en regardant tristement les arbres alignés comme des lances, rangés par l'homme dans de minuscules carrés de terre sèche. Il croisa un oiseau gris, gras et estropié, qui s'enfuit en claudiquant rapidement sur le bitume quand il s'en approcha.

Il bifurqua à droite au détour d'une grande place au centre de laquelle s'élevait une gigantesque idole noire : une femme debout sur un bloc de pierre qui levait fièrement un rameau vers le ciel.

Après quelques mètres, ne sachant plus dans quelle direction aller ni quoi penser, il décida de s'asseoir sur un banc pour réfléchir.

Les minutes passèrent, désolées.

Il se sentait de plus en plus désarmé, comme si l'énergie de la ville absorbait peu à peu la sienne. Il sortit son passeport de sa poche, ce lien avec l'autre monde, et le jeta dans un bac, à côté du banc.

Quelque chose de lourd et froid s'installait dans sa poitrine. Il sentit son corps peser sur le banc comme dix hommes.

Une jeune fille apparut devant lui en agitant un long manche. Elle frottait le trottoir dans une danse étrange, juste devant lui.

Il pensa qu'elle voulait lui parler, mais elle ne dit rien. Elle se contenta de poursuivre un moment ses grands gestes, tout près de lui, sans faire cas de sa présence, puis elle disparut dans la fabrique à pain.

La tristesse finit par le paralyser. Il fit alors la dernière chose qui pouvait lui paraître rationnelle dans cet environnement dénué de sens : il prit la décision de ne plus prendre de décision. Ne plus rien dire, ne plus rien faire, juste attendre. Attendre que ce monde lui montre ses façons, et espérer que, d'une manière ou d'une autre, il le ramène chez lui.

Je tiens à remercier Lise Bellavoine, Pierre Garnier, David C. Barrot et Béatrice Lacoste pour leur précieux soutien ainsi que Michel Duplessier, David Kuhn et Marie-Clémentine Pierre qui ont su m'entourer si chaleureusement.

Achevé d'imprimer en avril 2014
par Normandie Roto Impression s.a.s.
61250 Lonrai
N° d'imprimeur : 1401355
Dépôt légal : mai 2014
Imprimé en France